カロリン・エムケ

イエスの意味はイエス、それから…

浅井晶子訳

みすず書房

Ja heißt ja und...

by

Carolin Emcke

First published by S. Fischer Verlag GmbH, 2019

イエスの意味はイエス、それから…

本書は二〇一八年十二月にベルリンのシャウビューネにて
初日を迎えた朗読パフォーマンスをもとに執筆された。

私たちは、個別になったほうが支配を受けやすい。〈あなた〉と〈私〉に分離されたほうが。

——ケイト・テンペスト

書くという行為の本質について話すことは常に、話すという行為の本質についで話すことでもある。それは二人目、三人目へと、つまり他者へと橋をかけることである。

——エニス・マーツィ

はじめに疑念がある。

どの文章の前にも、どの単語の前にも、敷居がある――これでいいのだろうか、という敷居が。これが事実だと、どうしてわかる？　これは公正だろうか？　これは真実であるのみならず、誠実でもあるだろうか？

しかもそれらはまだ、なにを話すかについての疑念に過ぎない。

私は、つぶやくように書く。小声で、他者に向けるより前に、まずは自分ひとりに向かって。書くことは、キーボードを使って思索するようなものだ。書きながらのほうが、より精確に思索することができる。それは個人的な、親密な行為だ。囁くという行為に似ている。または、そう、つぶやくという行為に。もしかして、私が書くときにいつも裸足なのは、そのせいかもしれない。まるで、靴を履いていては、型どおりの考え方しかできないかのようだ。

書いているとき、読者の存在を思い浮かべたとたん、すべては消え去ってしまい、言葉はあっという間に逃げていく。すると、自分自身の思考に対する異論が前に出てきて、思考を覆ってしまう。さらに、読者の怒りと侮蔑に満ちた非難を受けるのではないかという想像も湧き上がってくる。こういった想像は私に恐怖をもたらす。毒のように私の皮膚の下に浸透する。毒が広がっていくのが感じられる。全身に、あらゆるところに。それはすべてを麻痺させる。言葉を、意志を、「私」を。

はじめには、常に疑念がある。

ときどき、疑念など捨て去ることができればいいのにと思う。だがそうなれば、書く私はもはや私ではなくなるだろう。「私」とは、書くことで見つかるもの、創られるものなのだ。

*

私が子供のころ、言葉にしてはならないとされていた、とあることがらがあった。どうしてもそれを言葉にしなければならないときには、方言の単語を使ってほのめかされた。「おしゃべり屋」（Mitschnacker）というのがその単語で、低地ドイツの方言だ。低地ドイツ語のわからない子供たちにも、この単語が漠然と悪を指していることは推測できた。「おしゃべり屋につかまるんじゃないよ」。学校やスポーツ広場など、どこへ行くときにも、私たちはそう言われて育った[1]。それは危険を指し示す言葉だった。とはいえ、方向性がずれていた。この言葉は逆に、警戒せねばならないとされるものごとの緩衝材になっているかのようだったのだ。私たち子供は、「おしゃべり屋」に話しかけられないように気をつけねばならない、と言われていた。つまり、子供たちに話しかけ、連れ去る男に気をつけねばならないと。だが、見知らぬ男に連

（1） この「おしゃべりする」（Mitschnacken）という概念については、以下でも書いたことがある。Carolin Emcke, Wie wir begehren, Frankfurt am Main 2012.

れ去られた後になにが起こるのかについては、決して口にされることがなかった。

私たちは、それをそのまま受け入れた。今日までずっと受け入れてきた。

見知らぬ男に連れ去られた後になにが起こり得るのか。何度も繰り返し、なにが起きてきたのか。私たちより前の何世代にもわたって延々と、少女たちと女性たち（ばかりではないが、ほとんどの場合はそうだった……）になにが起きてきたのか。いまでも世界中でなにが起きているのか。学校への道のりで、水を汲みにいく途中で、放牧地への道のりで、家へ帰る途中で、私たちがどんな目に遭うのか。それは言葉にされることがない。私たちの母や祖母もまた、同じように教えられた——実際には、なにも教えられることなく。私たちが、操られ、嘘をつかれ、捕まえられ、連れ去られ、車で、藪のなかで、森で、小屋のなかで、地下室で、虐待され、強姦され、首を絞められ、傷つけられ、殺されるかもしれないことを、誰も話さなかった。ましてや、危険は他人や外の世界からやってくるのみならず、なによりすぐ近くに、自分の家に、自分の家族に潜んでいるかもしれないことなど、話す人は誰ひとりいなかった。

「おしゃべり屋につかまるんじゃないよ」

この言葉は仮面だ。どことなく陽気な響きがある。まるで、ただおしゃべりが過ぎるだけの人のことを言っているようだ。ところが、この言葉が本当に指し示しているのは、おしゃべり屋に話しかけられることではなく、話しかけられた後に受けるかもしれない暴力のことなのだ。

そういったことは、起きてはならないとされている。ところが、こうした言語上の隠蔽によって、まさにその起きてはならないことが起きてしまうのだ。だいたい、驚くべきことではないか——なにかに対して警戒が呼びかけられる。しかし、それがなんなのかは、言葉にされないのだ。その「なにか」は、美化されるわけではない。美化されるくらいなら、そもそも警戒する必要などないのだから。誰かにされるかもしれないその「なにか」は、黙殺されるのだ。まるで、それを口にするのは不適切であるかのように。抑圧されるのは、行為そのものではなく、その行為について語ることなのだ。

こうして、犯罪行為そのものではなく、語ることのほうがタブー化される。そもそもの最初から。そして、暴力をふるう人間ではなく、その暴力について語ろうとする人間のほうが、社会の期待を裏切る存在となる。語ることの抑圧は、責任の所在をずらしてしまう。皆が話さないことを話そうとする人間は、間違っているかのような印象を与え、なにか汚いものであると見なされる。この構造には、犯罪の共犯めいたところがある。

なにかを批判するためには、それがなんなのかを想像することが可能でなければならないし、想像しようとする意志が必要となる。なにかを想像することが可能であるためには、それを言葉にして名指しすることが可能でなければならない。暴力は、それが抽象的であいまいなものであり続ける限り、すなわち具体的な概念や描写が存在しない限り、想像不可能なものであり続ける。

あり得ないことであり続け、
触れてはならないことであり続ける。

＊

バスローブ。

バスローブの話となると、私は冷静でいるのが難しい。

#MeToo のハッシュタグをつけて語られる話のいたるところに、バスローブが登場するのだが……

海辺でのバカンスの話ではない。自宅の寝室での話でもない。仕事場での話だ。打ち合わせでの話。ホテルでの打ち合わせ。名目上は仕事の文脈での話だ。

ここまで「バスローブ」が頻出するとは、いったいどういうことなのか？

理解できない。本当に、さっぱり理解できない。そういった場面が理解できないのだ。そういった場面でいったいなにが起きているのかが。それがなんであるということになっているのかが。実際、説明してくれる人もいない。その場でも誰もいないし、後になってからはなおさらだろう。こういった場面に遭遇した人は、すべてひとりで考え抜かねばならない。

若い女性、年配の女性、同僚の女性、ホテルの女性従業員、女性実習生。話に出てくる男性たちが長いあいだ一緒に働いてきた女性たち、または、まったく知らない女性たち。彼女たちは、男性が自分と相対する際に、スーツやジーンズや、ほかのなんであれ、とにかくなんらかの服を着ているだろうと考えている。ところが、呼び出されて行ってみると……

ジャジャーン。

相手はバスローブで登場。

そういった場面を、私は繰り返し想像してみる。頭に浮かぶのはいつも、白いタオル地のバスローブだ。なぜかはわからない。だいたい、そういう手合いが着るのはむしろ絹のバスローブではないだろうか。まあなんでもいい。バスローブにまつわる数々の話を聞いて以来、私は自分のバスローブに対してさえ、いい感情を抱けなくなってしまった。

バスローブでの出迎え――いったいどういうことだろう？　男は女が服従することを期待しており、バスローブはそのプロローグということなのか？　セックスの要求？　自慢？　俺のペニスの素晴らしさを見てくれ？　男たちは、本気でそう思っているのだろうか？　女が打ち合わせに出向く。すると、頼んでもいないのに、唐突にペニスに出迎えられる？　ジョークの始まりのような場面だ。狂人についての古いジョークの始まりを思い出させる。「狂人がやってくる。歯ブラシをリードにつないで」。今回の場合は、始まり方が違うだけだ。

「ペニスが職場にやってくる。バスローブを着て……」

バスローブでの出迎えは、欲望をかきたてるためのものなのだろうか？　誰の欲望を？　ペニス野郎に対して、どんな種類の欲望を抱けと？　屈辱的な目に遭わされたいという欲望？

こういった場面で女が見せつけられるのは、裸体ではない。男の支配力であり、自分は（職業上の文脈での）常識のすべてを無効にできるという男の意思表示だ。意のままに、いつでも好きなときに、支配し、屈辱を与えることができるという意思表示。だからこそ、状況にそぐわない光景を見せつけたほうが都合がいいというわけだ。通常の職場や会議にふさわしいあらゆる形式から逸脱しているほうが都合がいいのだ。通常の性的欲望の形式から逸脱しているほうが――互いが欲求と優しさを持ち、情熱と献身をもって相手に向き合うという通常の性的欲望の形式から。

バスローブは常に場違いだ。

#MeToo の文脈で私がこれまで読んだもののうち、バスローブが害のないものとして、またはその場にふさわしいものとして、または魅惑的な小道具として登場する話は、ただのひとつもない。夜どおし愛し合った後でなにか羽織ろうとするカップルの話もなければ、男が女を、または女が女を、男が男を、女が男を興奮させようとして、まずはバスローブ姿の自分を、それからバスローブを脱いだ自分を相手に見せ、相手の視線にさらし、その視線の意のままになろうとする話もない。バスローブが隠しているもの——つまり自身の裸体、傷つきやすい身体——がゆっくりと姿を現していくという話もない。

バスローブは常に場違いだ。

バスローブは話の文脈から抜け落ちている。状況から抜け落ちている。官能的でもなければ、実用的でもなく、美しくもない。

場違いなのはバスローブのほうだ。にもかかわらず、頻繁にこう言われる。「いや、彼女のほうだって、なんだと思ってたんだ？　打ち合わせにホテルの部屋に行くって——どんだけおめでたいんだ？」

男性が女性の部下を、または立場が下の女性を、仕事上の文脈で呼び出す。呼び出す先は、会社の部屋かもしれないし、別の場所かもしれない。外を移動しながら仕事をする業界、さまざまな都市で会議を催さなくてはならない業界では、打ち合わせや待ち合わせにホテルの部屋が使われることも多い。そんな場所に、男性が女性を呼び出す。男性に比べて守られていない女性を。彼女が守られていないのは、男性より稼ぎが少ないから、または男性より有名でないから、または男性よりコネが少ないからだ。女性だからという理由で周りの目に留まりにくいから、声を聞いてもらいにくいからだ。呼び出された女性は、不安を感じているかもしれない。尊敬する、または単に有名な教授や司祭やプロデューサーとふたりきりで会ったことがないから。または、呼び出しをした男性が滞在するホテルや働く会社をきれいにする責任がある清掃係だから。または、呼び出しをした男性患者を担当する介護士だから。または、警官として、軍人として、上司や上官の命令は絶対だから。または、宗教上の理由でスカーフをかぶっているから。

または、または、または……

または、なにが待ち受けているか、わからないから。

そもそも、そんなことが待ち受けているなどと、誰に予測できるだろう？

屈辱的な思いをさせられると予測しない人間は、おめでたいのだろうか？セクハラを受けることを、暴力を受け、怪我をさせられ、首を絞められることを、予測しないほうが悪いのだろうか？頭を壁に打ち付けられることを予測しない人間、髪をつかまれて、バスルームまで床を引きずられ、暴力的に犯されることを予測しない人間は、ナイーブなのか？小便をひっかけられ、苦痛を味わわされることを、予測しないほうが悪いのか？レイプされることを予測しない人間は、本当にそれほどおめでたいと言えるのか？

なんという理屈だろう？人間というものに対するなんというイメージだろう？男性というものに対するなんというイメージだろう？女性である私は、自分が欲望の対象として、物として、意のままに利用できる身体として見られ、扱われたりはしないことを、あり得ないと考えなければならないのだろうか？

いったいなんという世界像だろう？この世界で生きる人間たちが、いついかなるときにも他者の欲望の対象物となることを予測していなければならないとは。そんなことを、親はいったいどうやって子供に伝えたらいいのだろう。何世代にもわたる母親たち（または父親たち）は、どうやって子供たちに伝えてきたのだろう。なんという使命だろう——親なら誰でも、我が子が不安や恐怖など抱くことなくこの世界で生きていってくれることを願うものだ。我が子が、自分の身は安全だ、自由だ、と感じていてくれることを。だが同時に、娘（または息子）が、他人にどんな目で見られる可能性があるか、他人になにをされる可能性があるかに無知なままでいてほしいとも思わない。これまでの世代は皆、自分たちがいかに傷つけられ得るかを正確に知ることなく育ってきた——そしてそのまま正確に知ることなく生きてきた。

私が最初の新聞社に就職してほんの数週間のころ、社長から電話をもらった。珍しいことだった。当時、社長が編集部に顔を出すことは、もうめったになかった。だがたまに仕事の指示を出すことはあったし、会社に現れることもあった。私はびくびくしながら受話器を取った。批判か叱責を受けるのだと思った。ところが、受話器の向こうの紳士は満足そうで、私が書いたとある記事をほめちぎってくれた。電話を切って振り向くと、ドアのところに編集部員の半数が集まっていて、社長の用件を知りたくてうずうずしていた。ところが、私がなにかを説明する間もなく、当時の部長がこう言ったのだ。「もし自宅に呼び出しを受けたんなら、私も一緒に行くよ。ひとりで行っちゃいけない」

私は自宅に呼び出しを受けたわけではなかった。だが、若い女性編集部員たちが社長に呼び出され、バスローブ姿で出迎えられたという話は、当時すでに伝説となっていた。私より前に、何人の女性たちがひとりで呼び出しに応じなければならなかったのかは知らない。社長の自宅でなにが起こったのかも知らない。それについては、誰もが沈黙を守っていた。沈黙によって隠されていたものがなんだったのかは、推測することしかできない。だが、部長が私に同伴しなければならないと決意していたことは知っている。

また、職場には年配の同僚男性がひとりいた。彼は社員食堂でなにかを注文して、それをウェイトレスに運んでこさせ、自室でオナニーをしながら迎えていた。この話は、（ほとんどが男性の）編集部員たちが、半分愉快そうに、半分嫌悪感をこめて互いに語り合っていて、私の耳にも入ってきた。だが、同僚たちの誰ひとり、このオナニー男に対して、お前のやっていることは気色が悪い、最悪だ、と直接言うことはなかった。誰もが、自分と関わりのあることだとは考えたがらなかった。驚いて部屋から飛び出してくる若い女性たちの悲鳴を聞いたことがあると話していた同僚たちでさえ。この気色悪い話は、ある日、ウェイトレスたちの上司にあたる女性が自分で注文の品を運んでいき、その男性に対して、こんなことはやめるようにとはっきり言い渡して、ようやく終わった。私が働いていたころには、そういう場面を目にしたことはない。ただ話を聞かされただけだ。それでもじゅうぶん不快だった。

この話が出るたびに職場には微妙な雰囲気が漂い、女性としては、同僚の行き過ぎた行為を、単に女を誘っているだけの無害なものと取るべきか、愉快だと取るべきか、それとも女性を貶める、屈辱的な、恐ろしいものだと見なすべきか、毎回のように決断を迫られることになった。私が自分やほかの人たちにとって常に適切なリアクションを取ってきたとは、とても言えない。いまになってみれば、あのとき周りの空気に合わせたりせず、もっと断固とした態度を取ればよかった、と思う場面は多い。後になってから、いたたまれない気分になったなんらかの話を無害だと思おうとした、いろいろな瞬間が頭に浮かぶ。気まずく居心地の悪い思いをしながら、なぜ私は、そういう話を笑って受け流したのだろう？ 今日ではもう、はっきりとした理由はわからない。おそらく、人がきまりの悪い体験を無害なものだと解釈しがちなのは、まさにそのきまりの悪い思いをさせられるのが嫌だからだろう。だからこそ、自分自身で体験したことを後になってから正直に描写するのは、難しいことが多いのだ。なぜなら、正直に描写すれば、それが当時からもう快適な体験ではなかったこと、それでも自分がそれを我慢したことを、認めざるを得なくなるからだ。後になってから、いったいどう批判すればいいというのだろう？場合によっては、自分が自分で思うよりも臆病だったことを認めなければならなくなる。場合によっては、仲の良い同僚たちが実はそれほど仲良くもなかったことを、認めなければならなくなる。疎外されていた同僚がいたかもしれないこと、そんな同僚を支え、助けてやるべきだったのに、自分がそうしなかったことを、認めなければならなくなる。

それになにより、同性愛者である私に対しては、昔もいまも、悲しくも有利な誤解がある。つまり私は、男性の同僚たちから同等の存在と見なされ、だが同時に、男だと見なされるのだ。新聞社には女性蔑視の風潮が強く、まさにそれゆえに、私は男性たちから特別な敬意をもって扱われてきた。ほかの女性たちほど見下されることがなかった――なぜなら、私はそもそも「本物の」女だと見なされていなかったからだ。それは私にとって、さまざまな重荷からの解放であると同時に、別の重荷を背負うことでもあった。両性具有的な「あいつ」という存在にカテゴライズされることで、男たちの価値基準のなかで私のステイタスは上昇した。この場合は、男性優位意識が同性愛嫌悪をも打ち負かしたというわけだ。逆に男性の同性愛者たちは、こういった価値基準のせいで私の場合よりずっと辛い思いをしていた。なぜなら、私にあると認められたものが、彼らにはないとされていたからだ――崇高な「男らしさ」なるものが。どちらも間違っていたことには変わりない。

もしかしたらまさにそれこそが、私が決して社長の自宅に呼び出されず、バスローブで出迎えられることもなかった理由でもあったのかもしれない。

*

私は、知と権力、真理と権力のあいだの境界層を、または現代の技術者の言葉を借りるならインターフェイスを、可視化することを試みる。それこそが私の問題だ[…]。私には普遍的な理論も、確実な道具もない。私は手さぐりで進み、全力を尽くして、対象を可視化するための道具を作る。

――ミシェル・フーコー『権力と知』[2]

どういう意味だろう――「権力」とは。

素晴らしく不明瞭で曖昧だ。

まるで、「権力」とはなにかを誰もが知っていることを前提としているかのようだ。

まるで、権力を所有するのは誰か、権力とはなにから成り立っているのか、あらかじめ明瞭であるかのようだ。

まるで、「権力」とは静物でもあるかのようだ。

ここでいう「権力」とは、どんな素材で、どんな材料でできているのだろう。濫用されているという権力、限界がないという権力、度を越して溢れ出ていくという権力、権力を持たない人間たちの権利、羞恥心、身体に浸透していくという権力は。ここでいう「権力」は、善良で慈悲深くあることもできる「権力」とは別の素材で成り立っているのだろうか? フーコーの言う「権力」と善良な「権力」の相違は、単なる量の問題なのだろうか。それとも、両者は材料も、使われ方も違うのだろうか。権力を行使する者と行使される者との関係性も違うのだろうか。

権力はたいていの場合、支配の形式として描写される。

どこに存在するのか明瞭で、特定しやすい権力、個人によって体現される権力。

抑圧的で、垂直に上から下へと向かう権力。

権威の側の意図や意志や欲望をかなえる道具としての権力。

ひとりの人物、ひとつの性、ひとつの階層、たったひとつの身分のみが持つ権力。

ネガティブな意味での権力。

抑圧し、妨害し、操作し、利用し、傷つけ、破壊することのできる権力。

不敵で、罰されることもなく、結果に責任を負うこともない。

プロデューサーの権力、農場主の権力、部長の権力、劇場支配人の権力、司祭の権力、シフト長の権力。他者の欲求、願望、尊厳を破壊することのできる権力。他者に屈辱を与え、他者を侮辱し、怒鳴りつけ、他者に触り、他者の言葉を遮り、恥部に触れることのできる権力。抑

（2） Michel Foucault, Macht und Wissen. 一九七七年十月十三日にパリにて録音されたS. Hasumi（蓮實重彦）との対話。Michel Foucault, Dits et Ecrits, 3. Band, Frankfurt am Main 2003, S. 521f.〔「権力と知」『ミシェル・フーコー思考集成 VI』蓮實重彦・渡辺守章 監修／小林康夫・石田英敬・松浦寿輝編、筑摩書房、二〇〇〇年〕。

圧し、嫌がらせし、苦しめることのできる権力。選別し、解雇し、排除することのできる権力。適切な評価をせず、報酬をカットし、役職を独占し、門戸を閉ざすことのできる権力。

だがこれは、確かに正しくはあっても、あまりに単純な見方だ。「権力」のこういった解釈は、フランスの #MeToo 議論におけるスローガン“balance ton porc”――「お前の豚野郎を晒せ」――というスローガンに通じるものだ。

なんともはや……

このスローガンにおいて最も不適切なのがどの語なのか、選ぶのは難しい。だが、どの語が最も致命的かは明白だ――「お前の」という語だ。この語によって、傷つけられた体験が、傷つけられた本人の主体性に改めて刻み込まれることになる。行為そのもののみならず、その行為をした人間、すなわち加害者までもが、被害者に帰属させられる。「私の」犯人、「私の」レイプ犯、「私の」セクハラ野郎。

これを政治理論学者のウェンディ・ブラウンは“wounded attachment”すなわち「自身の傷との結びつき」と名付けた。だが、まさにその結びつきをこそ、私たちはほどかねばならない。必要なのは、権力の手から抜け出し、自身を解放することなのだ。

一方、「権力」にはまた、カリスマの持つ権力、親密さから生まれる権力、経験や知によって生まれる権力もある。人を感嘆させ、その感嘆によって確立される権力だ。

これこそが、おそらくは最も理解が遅れている権力の形式だ。そしてこれは、公の議論においてあまりに軽率に否定される権力の形式でもある。

だからこそ、次のような問いが簡単に発せられるのだ。「でも、どうして抵抗しなかったんだ？」「どうして反論しなかったんだ？」

こういった問いがなにより見過ごしているのは、権力を行使する者と行使される者との関係には偶然性と二律背反が際立って多く見られるという事実だ。人が権力の意のままになるのは恐怖心のせいばかりではなく、愛情や好意のせいである場合もあるという事実だ。

たとえば、夫とともにドイツへ逃げてきたシリア人の女性。安定した身分もなく、ドイツ語も話せず、見知らぬ町で暮らし、周りに信頼できる人もいない。そんな女性は、社会的に孤立しているせいで、夫の暴力を耐え忍ぶしかないと感じるかもしれない。彼女にとって、夫はただひとりの頼れる人間なのだから。

男性の介護士に世話をしてもらっている、寝たきりの高齢女性。介護士は彼女に食事を運び、彼女の身体を洗う。介護士なしでは、彼女はベッドから、部屋から、家から出ることができない。そんな女性なら、介護士への感謝の念と好意から、彼に性的な虐待を加えられても、抵抗せずに耐え忍ぶしかないと感じるかもしれない。

同級生の期待に応えたい、ほかの皆と同じように認められたいと思う女子高校生。彼女は皆と一緒に酒を飲みたい、パーティーに参加したいと思っている。臆病者、クールじゃない、幼い、などと思われたくない。そんな女子高生なら、同級生グループの性的暴力に抵抗する勇気が持てないこともあるかもしれない。もしかしたら、なにが自分の意志なのかさえ、はっきりとわかっていないかもしれない。なぜなら、彼女が自分の意志を育むだけの時間を、誰も与えてくれなかったから。または、レイプドラッグが使われたから。または、撮影され、その動画を使って脅されたから。または、または……

同級生の期待に応えたい、ほかの皆と同じように認められたいと思う男子高校生。彼は皆と一緒に酒を飲みたいとも、パーティーに参加したいとも思っていない。だが、臆病者、「男らしくない」、「ホモ」だ、などと思われたくないため、同級生たちの遊びの輪から抜けることができないかもしれない。その遊びがやがて遊びではなくなり、一線を越え、強姦にまで至っても。

尊敬するクィアの女性教授のもとで博士論文を書いている、やはりクィアの男性大学院生。彼は教授の論文に感銘を受け、教授のカリスマ性に心酔しているため、彼女に性的関係を強要されても拒絶できない可能性がある。それは、教授が彼のキャリアの決定権を握っているからというだけではない。もしかしたら、彼の恐怖心のなかに、これほど賢明な人がこれほど自己中心的にプロとしての境界を越え、責任を放棄することに対して、とても信じられないという思いが混ざっているからでもあるかもしれない。

必要なのは、こういった感情的な依存の現象に目を向けることだ。権力を漠然と単なる支配力だと解釈する限り、これらの視点は抜け落ちてしまう。感情的な依存は、明確なヒエラルキーのなかにのみ存在するわけではない。それとは別の形で人を縛り付け、人の自由を奪い、別の形で表れ、形作られる権力構造があるのだ。

権力とは多様なものだ。どこか明確な場所に存在するわけではなく、いたるところに遍在するために、特定しにくい権力もある。権力に服従する主体をそもそも権力自体が創り出す、そんな生産的な権力もある。

中心をもたず、戦略的でありながら、その戦略を創り出した個々の人間は存在しない、そんな権力。

概念やコードを通して作用する権力。

記憶の権力、世代から世代へと受け継がれる沈黙の権力。

なんらかの事柄を否認する権力。それは、家族が抑圧しようとする事柄であり、社会が否定しようとする事柄だ。

行為や習慣の権力。それは、あまりに当然のものとして社会の体質のなかに堆積しており、それゆえ改めて考察されることもない。

特定の社会階層を軽視する権力。そういった階層は、もはや「階層」と認識されることがなく、そう呼ばれることさえない。権力によって、それほどまでに取るにたらない存在だとされるのだ。

言葉にされる必要さえないとされ、社会構造のなかに物言わぬ群集として組み入れられ、流されていく人々に対して烙印を押す権力。

広告や映画やヴィデオゲームや音楽を通して私たちにすりこまれるイメージやステレオタイプの権力。それらは、私たちがなにを、誰を価値があると見なし、なにを、誰を価値がないと見なすかを決定する。

それはまた、誰を信用し、誰を信用しないかを決定する権力でもある。誰に対する虐待が「面白く」「やってもいい」ものなのか、誰に対する脅迫が「被害者の責任」で、「無害」で、ビジネス上の慣習の一部として、職業文化の一部として通用するものなのか。それはまた、声を上げる勇気を持つのは誰か、恥の意識を拒絶するのは誰か、屈辱を受けたのはお前自身の責任だという声を拒絶するのは誰か、を決定する権力でもある。また、誰に助けの手が差し伸べられるか、誰の言葉に耳が傾けられるか、誰が守られるか、誰のために沈黙の壁が突き破られるかを決定する権力でもある。どんな肌の色、どんな服装、どんな身分、どんな女性性が、ほかより優先的に守られるべきかを決定する権力でもある。

それは、生産的で創造的な権力であり、単に破壊するのではなく、新たに創り出す。それは多様な形態を持った権力であり、事物の像や自己像を描き出す。一度ならず、何度も何度も。人の身体や身振りに刻み込まれるのみならず、人の感覚や信念、無意識の知、慣習となっている言葉や態度にもまた刻み込まれる権力だ。

これこそが、我々が考えていかねばならない、変えていかねばならない権力なのだ。

私にはこの権力を可視化するための「普遍的な理論も、確実な道具もない」。

おそらく、だからこそ私は、こんなふうに奇妙に曖昧な形式で書いているのだろう。権力と平等について、細密画のように、断片的に。おそらく私には、手探りしながら、ときに物語風に、ときに分析的にと、さまざまな形式に切り替えながら書く以外の方法がないのだ。この未完成な形式は、それが常にともに考えようという呼びかけでもあると理解してもらうために、必要なのかもしれない。おそらく、だからこそ私は、本来なら口に出して語られるべきことを、まずは書いているのかもしれない。すなわちこれは、語られる話と同様の機能を持つテキストなのだ。そんなふうに書く理由は、私が数々の問いにいまだにわけがわからないままに置き去りにされてばかりいるからかもしれない。私にとって、自分自身の直感がときには怪しく感じられるからかもしれない。それにもちろん、私自身もまた、あらゆる古いステレオタイプや慣習を一度は通り抜けてきたからでもある。また、どんな確信も、それが他者との会話のなかで証明されねばならないとなると、非常に怪しく脆いものであることを、よく知っているからでもある。だが、私がこんなふうに書くなによりの理由は、解放へ向かう動きというものは、私たちが互いに語り合う物語とともに始まると、信じているからだ。友人たちや家族やカップルで交わされる会話とともに。ふたりきりで、または大勢で交わされる、おずおずとした、小声の、用心深い会話とともに。

私たちは手探りで進んでいくしかない。私たちの行動や信念を問いなおすことのできる道具を探さなければならない。私にとってそれは、通常とは違った、雑多な形式で書くことを意味する。それは、より無防備で、より不確実で、より開かれた形式だ。

＊

殴打そのものを、私は目にしていない。

夫が妻を罰し、しつけ、貶めた殴打。夫が妻を傷つけた殴打。妻の肌に、顔に、頭に、自己像に命中した殴打。初めてでもなければ、最後でもないだろう殴打。夫婦の関係を壊し、その後に妻を壊した殴打。かつてジャン・アメリーが「世界への信頼」と呼んだもの、すなわち手を出されることなどないという信頼を壊した殴打。愛する人に対して振るわれた暴力である殴打。子供が同じ空間にいるというのに、妻に振るわれた殴打。子供も目にしたに違いない殴打。

その殴打は、変容してしまった。

暴力行為であり、夫の行為であった殴打が、どういうわけか、夫に対して行使されたなんらかの力ということになってしまったのだ……

妻の顔についた殴打の痕を、私は目にした。ところが後になってみると、その殴打によって傷ついたのは妻ではない、殴打を受けたのは夫のほうなのだ、ということになった。貶められたのは、実際に殴られた妻ではなく、夫のほうなのだと。妻に痛みを与えた殴打は、いつの間にか夫に痛みを与えたものだということになった。それだけではない。夫の行為である殴打は、夫の行為ではないということになった。夫に起因するのではなく、周囲の状況に、つまり夫自身にはコントロールできないなにか、夫とは関係のないなにかに起因するものだったのだと。夫が殴った相手は、まずなにより夫自身なのだということになった。夫が実際に顔を殴った妻ではなく。それゆえに妻は、自分に振るわれたその暴力について、話すことを拒んだ。

殴打はもはや殴打ではなかった。殴打は、殴打についての沈黙となった。

彼女がそう言ったわけではない。少なくとも、最初の瞬間にはそう言わなかった。ただ首を振っただけだった。頬を涙が流れ落ちていた。いくら首を振ろうと振り落とすことのできない赤い痕の上を。彼女が殴られたのは、隣の部屋でのことだった。私たちは夕食に招待されていた。私と、その日が私とは初対面だった男性ふたりとが、女友達とその夫の素敵な自宅アパートに招待されたのだ。その友達を、ここではナディアと呼ぶことにする。おいしい食事が出され、私たちは招かれたことを喜んでいた。だが、ささいな悪意は、前菜の段階からすでに目についた。夫が妻のナディアに嫌味を言うのだ。妻が料理したものに対する嫌味。それは社会的な慣習によって、まだ半ば抑制されてはいた。それに、私たちがその場にいたことも、抑制になっていただろう。いや、むしろ私たちがその場にいたことで、彼の嫌味が勢いづいた面もあるかもしれない。もしかしたら、私たちは観客だったのかもしれない。観客なしでは、嫌味や意地悪を言う甲斐もないということだったのだろうか。権力を握っているというポーズには、それを見せつける舞台が必要だったのかもしれない。悪意がわずかに一線を越えていた。もしかしたら、その時点ですでに、私はなにか言うべきだったのかもしれない。私が抱いた不快感を言葉にするべきだったのかもしれない。ナディアとほかのふたりの客とともに、ひきつった笑顔で、夫の不愉快な行為をただの冗談だと解釈しようとするのではなく。なにも言わずにいることで、私はいったい誰を助けてやろうとしていたのだろう。

あの時点ですでに、私はナディアを見捨てていたのだ。あの時点ですでに、私は夫がナディアを貶めるのを、見て見ぬふりをして許してしまったのだ。

どうして人はそんなふうに振る舞うのだろう？ なぜすぐに態度を変えることができないのだろう？ なにかを受け入れがたい、不適切だと思うなら、それをはっきり指摘すべきだという正しい直感を、なぜ抑え込んでしまうのだろう？ どんなメカニズムが、口を閉ざすよう働きかけるのだろう？ どのような社会的儀礼や恥の概念が、人を強要して間違った態度を取らせるのだろう？

私の推測では、こういった状況で人が自分を抑え込むのは、その場から浮くのが嫌だからだ。楽しい晩の快い雰囲気を壊したくないからだ。ところが、その晩は実際にはもう快くなどなかった。

人は調和を尊ぶあまり、誰かに加えられる屈辱という不調和を見ても、見ないふりをするのだ。

どういうわけか、心の負担は常に、間違った振る舞いをする本人とは別の人間にのしかかる。

自分を惨めで不作法だと感じるのは、誰かの一線を越えた振る舞いを見過ごそうとしない人間のほうだ。不適切な振る舞いをしていると感じるのは、不適切な振る舞いを指摘しようとする人間のほうなのだ。

なぜそんなことが起き得るのだろう？　ナディアに対するささいな意地悪や侮辱が、なぜあの晩の楽しく寛いだ場の一部として通用してしまったのだろう？　なぜ、あれらの意地悪な言葉（こういう場合の常で、皮肉を効かせ、くだけた調子で言われた）に対する抗議が、場を壊す不適切な行為だと感じられたのだろう？

それとも、指摘したからといって、不適切だと思われることなどなかったのだろうか？　私が遠慮したのは、単に何世代にもわたって私たちに伝えられてきた教訓のせいに過ぎなかったのだろうか？　目立ってはならない、人に貶められても、やり過ごすことができねばならない、他人の「気分」や奇妙な行為はフォローし、見過ごし、同調し、摩擦を避けねばならない、といった教訓のせいだったのだろうか？

それとも、私がなにもしなかったのは、もし抗議をすればナディアをさらに貶めることになったからだろうか？　私はあのとき、ナディア自身が抵抗するのを待っていたのだろうか？　彼女のために私が声を上げたら、さらに気まずいことになっていただろうか？　そんなことをすれば、ナディアは自分ではなにもできず、人に助けてもらわねばならない人間だというサインになってしまっていただろうか？　それとも、あれこれ理屈をつけてみたところで、結局は単に私が臆病だったに過ぎないのだろうか？

あのとき、私たちはテーブルについていた。ナディアは、夫と赤ちゃんの様子を見るために、隣の部屋へ行った。私が憶えている限りでは、その前に、確か赤ちゃんが泣いたので、夫はあやすために席を立っていた。だがなかなか戻ってこないので、ナディアが様子を見にいったのだ。そしてそれきり、驚くほど長いあいだ出てこなかった。残された私たちは会話を続け、ホストとホステスのどちらかが戻ってくるまで、なんとか時間をつなごうとした。少しばかり気まずい状況だった。互いに知らない者どうしが突然、招待してくれた人抜きで向かい合うことになったのだから。

客のひとりは後に、殴打の音を聞いたと言った。私には聞こえなかった。私はただ、戻ってきたナディアの姿を見ただけだった。ナディアは先ほどまでと同じ席に腰を下ろして、先ほどまでと同様にホステスの役割を果たした。先ほどまでと同じように話した。その晩を、席を立って部屋を出た時点までさかのぼって、そこから直接続けようとした。その間の、隣の部屋にいた時間、愛する人間から、夫から、子供の父親から殴られた時間は、なかったことにしようとした。ナディアは、起きたことを起きなかったことにしようとした。それについて話したがらなかった。まるで、話してしまえば、その時点でそれが真実になってしまうかのように。まるで、話してしまえば、もはや否定することができなくなるとでも言うかのように。

そこに座るナディアは、賢く現代的な女性であり、私の友人だった。彼女の頬には涙が流れていた。彼女は話そうとしなかった。ただ次の料理を運んでこようとした。その晩の流れを中断すまいとした。あらかじめ立てていたその晩の予定から逸れまいとした。その晩はすでに、私たちが思い描いていた晩とはすっかり違ってしまっていたというのに。それに、あれはそもそも、どんな晩であろうと、起きていいことではなかった。

あれは、私たちの世代ではすでに起こるはずがないことだった。私たちは、自分たちのことを、若い、しっかりした自意識を持っている、先進的だ云々と思いたがっていたではないか。そういった性質が、家庭内暴力に対処せねばならないような状況から、私たちを守ってくれるはずだったではないか。

その後少しのあいだ、私たちはふたりでキッチンへ行った。ほかのふたりをテーブルに残したままで。キッチンでなら、私たちは話をすることができた。守られた空間であるキッチンでなら。

古典的な光景だ。

あれがどれほど滑稽な光景だったか、いま振り返ってようやくわかる。男性どうしのカップルはふたりきりでダイニングテーブルに残り、殴った夫は姿を消し、女ふたりがキッチンにいる。次の料理を準備しながら、慣れた手さばきの合間に、ほかの人間が上げた手について語る。

私は、あの場では唯一適切だと思われた提案をした。ナディアと子供とをいますぐ私の家へ連れていく、と言ったのだ。うちに泊まるようにと言った。そして弁護士を訪ねるようにと。

とにかくここに残るのだけはダメだ、と。なにもなかったふりをするのだけはダメだ。異常なことをごく普通のことだと自分に言い聞かせるのだけはダメだ。蓋をしてはならない事柄に、体面を気にする小市民的な態度で蓋をするのだけはダメだ。

だが、ナディアが望んだのは、ただ私たちがその場に居続けることのみだった。とにかく帰ったりしないで、ただみんな揃って席について、食事をし、会話を続けてほしい——まるでなにもなかったかのように。

結局、私たちはその場に居続けた。

自分の信念に反して。ほかにどうすればよかったというのだろう。私たちは揃って席につき、話をした——なにを話したのかは、もう覚えていない。とにかくなにかについて話した。なにを話したのであろうと、私たちが本当に話したいこと、すなわち殴打のことだけは、話すことができなかった。

私たちはテーブルを囲んで、友人ナディアへの愛情から、茶番をともに演じた。面白いところなどひとつもない茶番劇を。テーブルを囲んで、一刻一刻と、その晩が終わるのを待ち続けた。ただただ、帰りたかった。なにもかもが間違っていた。

ちなみに、ナディアの夫はその晩、二度と姿を見せなかった。子供部屋にこもったきりだった。

やがて、その晩も終わった。

私たち客が外に出た瞬間のことは、いまでもよく憶えている。玄関を出て、通りに立ったとき、私たちは途方に暮れた。私たちは、ナディアを置き去りにした。ナディアがそう望んだからだ。解放されて夜の街に出た私たちは、自分たちの果たした役割を恥じた。目撃者となったにもかかわらず、介入しなかったことを。目撃者となったにもかかわらず、なんの行動も起こせなかったことを。本来なら決して体験したくもなければ、見て見ぬふりをしたくもない、家庭内暴力の共犯者となったことを。

ナディアはそれから何年も夫と暮らし続けた後に、ようやく別れた。

ナディアが夫と別れるまでの時期、私はもう彼女の近くにはいなかった。まるでなにもなかったかのようにあの夫と顔を合わせることなど、とてもできなかった。友人として、ナディアがひどい扱いを受けるのを見ていることなど、とてもできなかった。夫婦の関係から抜け出す道を見つけられず、別れない理由を延々と探し続けるナディアの姿を見ていられなかった。なぜ夫は暴力を振るうのか、なぜ夫は本来暴力的な人間ではないのか、ときどき殴りはするが、それはなぜなのか……。女や男が、愛する人の暴力に説明を与えようとして探し出す理由には、終わりがない。理由がいくつもいくつも、延々と連なっていくが、それが暴力には正当な理由などないという事実を変えることはない。

あの日ナディアの側に残らなかったことを、私は恥じている。だが同時に、残らなかったことで、もし残ってすべてを目にすることになった場合に感じたであろうさらなる恥を、感じずに済んだのではないかとも思う。

私はいい友人ではなかった。いい友人ならば、残っただろう。それで自分がどれほど惨めな思いをすることになったとしても。おそらくは。いや、違うだろうか。いずれにせよ、私は自分に言い聞かせようとしている。あの日私が、暴力をなんでもないこととして受け入れるのを拒んだことが、最後にはナディアが暴力をなんでもないこととして受け入れるのを拒む助けになったのではないか、と。

おそらくは。

おそらくは、ああいった話には「正解」などないのだろう。おそらく、それこそがまさに、あのような暴力が引き起こす惨事なのだ――あのような暴力は、皆を傷つけ、皆を損ない、皆を暗闇に突き落とす。その暗闇は、暴力の支配圏から一歩踏み出し、逃げるまで、消えることがない。

おそらくは、たとえ逃げても消えることはないのだろう。

一度その暗闇に突き落とされた者は、影が忍び寄ってくるのを早々に察知するものだ。

一度その暗闇に突き落とされた者は、暴力を避けるばかりでなく、その手前の段階でのささいな兆候からすでに避けて通るようになる。

一度その暗闇に突き落とされた者は、暴力がごまかされることにも、無害化されることにも、通俗化されることにも、正当化されることにも、否認されることにも、抑圧されることにも、耐えられない。それ相応の理由だとか、崇高な動機だとかいったもので美化されることにも。

あのときの私には、行動の選択肢はふたつしかなかった。ナディアを私の家に連れて帰るか、それとも、本人が望んだとおり、自宅に置き去りにするか。

ナディアの夫が隠れている部屋へ入っていって、話しかけ、彼の行為をはっきり名指しして、彼と真正面から対決する——そうすることを恐れたわけではない。そうすることを、思いつかなかったのだ。

そんな選択肢があることに、そもそも気づきもしなかったのだ。

追記：

ドイツでは二十四時間に一人の夫が妻を殺そうとし、三日に一人が成功する。二〇一七年には、一四七人の女性がパートナーまたは元パートナーによって殺された。彼女たちは刺殺されたり、紐で首を絞められたり、お腹の子供もろとも川に突き落とされたり、殴り殺されたりした。二〇一七年に警察によって記録された家庭内暴力の犠牲者数は、前年よりも大幅に増加した。

連邦刑事庁によるパートナー間暴力の犯罪統計分析によれば、昨年ドイツでは十三万八八九三人がパートナーまたは元パートナーから虐待を受けるか、ストーカーされるか、脅迫を受けた。被害者のうち十一万三九六五人、すなわち八二パーセントが女性だ。

二〇一六年には、パートナーからの暴力の被害者となった女性の数は約十万九千人だった。

二〇一七年に被害者数が増加した主な理由は、虐待の統計に新しい項目が追加されたことだと、ギファイ家庭大臣は述べる。「たとえば、自由を剝奪することや、強制的に売春をさせて利益を得ることなどです。こういったケースを除外すれば、被害者数はほとんど変わりません[3]」

連邦家庭省は二〇〇四年、女性に対する暴力に関する包括的な調査結果を発表した。この調査結果は今日にいたるまで、多くの調査や報告において引用されている。

この調査結果によれば、女性に対する性的および身体的暴力行為のほとんどは、自宅で起きた[4]。

(3) https://www.zeit.de/gesellschaft/familie/2018-11/franziska-giffey-bundesfrauenministerin-spd-frauenhaeuser-ausbau-haeuslische-gewalt-lebensgefaehrten

(4) http://faktenfinder.tagesschau.de/inland/fakten-gewalt-gegen-frauen-101~_origin-96f72d09-c7a6-41c0-abd7-61-ff8380e38b.html

*

厚い記述とはなにか。文化人類学者のクリフォード・ギアツは、哲学者ギルバート・ライルを引用する形でそれを説明している。[5] ギアツが挙げるのは、一見同じ動作をしている三人の少年の例だ。三人とも、右のまぶたを素早く閉じたり開いたりしている。すなわち、まばたきをしている。

さて、一人目の少年のまばたきは、自由意思によるものではない痙攣だ。むしろ神経症のティックである。

二人目の少年のまばたきは、誰かに向けたサインである。すなわちウィンクだ。一人目の少年の動作は、二人目の動作と同じかもしれない。純粋に視覚的な観点からは、ふたりの動作に違いはない。だが一人目のまばたきは意図せずに起こる動作であり、制御がきかず、誰に向けたものでもない。

二人目の少年のまばたきは自覚的なものであり、特定の相手がいる。コミュニケーションの手段であり、社会的な意味を持つのは、ウィンクのほうのみだ。ウィンクには文化的なコードがある。ウィンクを向けられた相手は、ある特定の方法で話しかけられたように感じる可能性がある。ウィンクをする者とのあいだに共犯者的な絆が存在するかもしれない。

さて、三人目の少年もまた、同じ動作をしている。右目を閉じたり開いたりしているのだ。だがこの少年は、一人目の少年を笑いものにしようとしている。すなわち、一人目の少年の痙攣のパロディーとして、動作を真似ているのだ。もしかしたら、この意地悪な物まねを、自宅の鏡の前で、にやにや笑いながら練習さえしたかもしれない。

（5）クリフォード・ギアツは『厚い記述──文化の解釈学的理論に関する覚書』のなかで、ギルバート・ライルによって生み出されたこの概念を引用している。また、ギアツが挙げた例もライルが用いたものである。Clifford Geertz, Dichte Beschreibung. Beiträge zum Verstehen kultureller Systeme, Frankfurt am Main 1987, S. 10–12.〔「厚い記述──文化の解釈学的理論をめざして」『文化の解釈学』吉田禎吾他訳、岩波書店、一九八七年〕

ギアツはこの例によって、彼が厚い記述、薄い記述と名付けるものを説明してみせる。薄い記述とは、知覚できる行動のみ、すなわち、右目のまぶたを閉じたり開いたりする動作のみを描写することだ。一方、厚い記述とは、行動の意図や社会的文脈、文化的コードなどをも考慮に入れ、その関連性のなかで行動を解釈することだ。

性的な嫌がらせ、虐待、暴力について語るためには、厚い記述が必要である。

ひとつひとつの動作からは、なんの結論も導き出せない。個々の行動以外になにも記述されないのでは、判断を下すことも、怒ることも、正すこともできない。たとえば、さまざまなメディアで「手を伸ばす」という行為について語られている。だが、行為全体をこの一語に短縮するのは、まったく無意味である。「手を伸ばす」という行為そのものには、「まぶたを素早く閉じたり開いたりする」と同様、それ以上の意味はない。

「手を伸ばす」とはまず、「他者の身体に突然触れる」という意味にほかならない。触れられるのは脚かもしれないし、腕かもしれないし、尻かもしれない。だから、行為者の意図や文脈や触れられる相手の描写抜きには、解釈のしようがない。特定の社会的状況や特定の文化で通用するコードや儀式などへの理解抜きには、解釈できない。「手を伸ばす」という動作は、陽気なものかもしれないし、通俗的なものかもしれないし、または信頼感から来るものかもしれない。手を伸ばす側と伸ばされる側とが置かれた状況によって、ゲームのようでも、情熱的でも、興奮を誘うものでもあり得る。逆に、不適切でも、強引でも、侮蔑的でも、支配的でもあり得るし、一方の側だけがそう感じる場合も、両者がともにそう感じる場合もある。同じ行為でも、それが見知らぬ者ばかりの「ダークルーム」で行われるのか、恋人同士の寝室で行われるのかでは違う意味を持ち得るし、職場でヒエラルキー上異なる位置にいる同僚どうしでは、それぞれの感じ方も違うだろう。

#MeToo 運動にまつわる多くの意見の対立は、厚い記述と薄い記述とが交錯しているせいで起こっている。誰かが——男性であれ女性であれ——なんらかの非常に具体的な経験を描写する。なんらかの場所で、なんらかの文化的、社会的、歴史的文脈において、本人にとって不適切で支配的なやりかたで触れられた体験を。「手を伸ばす」と言われる動作によって被害を受けた体験を。

こういった話を批判する人は、薄い記述によって話を否定する。「くだらない」話だ、「手を伸ばす」なんて害のない行動ではないか。「手を伸ばす」ことさえできなくなったら、もう誰かに「好意を示す」ことなどできなくなる。このような議論はすべて「欲望を敵視する」文化を招くものだ、云々。

こういった批判においては、中立的な「手を伸ばす」という行為（まぶたを閉じたり開いたりする行為）が、他者の身体に支配的、高圧的に触れるという行為（軽蔑の意味でのまばたき）に対抗するものとして持ち出されている。またときには、特定の厚い記述に対抗して、別の厚い記述が持ち出されることもある——まるで、一方がもう一方への答えであるかのように。

「そういう細かいことばっかり」

厚い記述に対するそんな批判が、いまからもう聞こえてくるようだ。

「そういう恥ずかしい、気まずい場面を全部披露しなきゃ気が済まないのか？　いったいそんなことをして、なんの役に立つ？」

ところが、実際にはこれがさまざまな役に立つのである。細部なしには、発言の信憑性を判断することはできない。厚い記述なしには、正確にはなにが起きたのか、正確にはなにが侵害されたのか、それが口説きだったのか、ハラスメントだったのか、強要だったのか、力のあるポジションを利用した行為だったのか、または別のなにかだったのかを判断することはできない。具体的な場面の描写なしには、その話があり得ることなのか、あり得なさそうなことなのか、推測することはできない。公正でありたい、きちんと見分けたい、性的な行動を一概に悪いと決めつけたくないと思うならば、厚い記述が必要なのだ。

逆に、厚い記述の問題点とはなにか？

厚い記述で描写されるのは、まずは個別の出来事のみだ。それだけではない。微に入り細を穿った具体的な描写のなかには、卑猥に見えるものも、余計に見えるものも、狭量に見えるものもあり、実際その通りであることも少なくない。

力関係について考えたくない者、力関係に基づく行為をやりやすくしたり、後押ししたり、守ったりするイデオロギー上の裏付けや、社会的、政治的、経済的条件について考えたくない者——そういう者にとっては、厚い記述は理想的だ。というのも、厚い記述は個人的なケースや特定の状況におけるなんらかの間違った振る舞いについて描写するのみだからだ。そんな描写からは、なんの結論も導き出すことができない。そこからはなにも続かないのだ。そこでは誰も、自身の思想や習慣や態度や行動の仕方、話し方を見直す必要がない。

個別の行為が社会的または政治的に許容されていることを批判しようと思うならば、どちらもが目に見える形、議論可能な形で示されているかを、常に見極めなければならない。厚い記述によるひとつの具体的なケースに、可能ならば比較のためのもうひとつの具体的なケース、さらにもうひとつの具体的なケースを重ねることが必要なのだ。そうして初めて、個々のケースの構造的な類似、または相違を認識することが可能になる。イデオロギーや言語的または非言語的な行為によって虐待や暴力が当たり前のことだとされてしまう構造が明らかになるのである。

ときには、たったひとつのケースからはなにひとつ導き出せないこともある。すべてのケースが典型的なわけでも、象徴的なわけでも、普遍化可能なわけでもないのだ。

さらに、ときには権力構造への批判が、あまりに通り一遍で具体性に欠けていることもある。政治的な主張に偏りすぎている場合もあるし、個別の証明が貧弱なこともある。

権力の濫用と性暴力の問題を、単なる司法上の個別の事件としてではなく、社会政治的、文化的、イデオロギー的問題として説明したいと思う者にとって、明確であると同時に公正でもあり、具体的であると同時に政治的でもある記述の領域を見つけるのは、決して容易ではない。

＊

いったいなんと言えばいいのだろう？　別の問い方をするなら、いったい私は、どんな立場からなにかを言えばいいのだろう？

同性間の性愛を倒錯、不自然、病気だとして拒絶する者はもちろん、自分のことを「寛容」だと思っている者ですら、男性同性愛者の男性性、女性同性愛者の女性性を否定する発言を頻繁にする。

身体性の多様性、男女の役割や振る舞いの多様性、女性的または男性的または

その中間
その途上
その彼岸

にあるなにものかの多様性。

こういった多様性は、歪んだイメージや概念によって繰り返し覆い隠される。

そして、こうしたイメージや概念が、私のような人間を、すでに子供のころから、排除してきた。こうしたイメージや概念は、そぐわなかった。いまだにそぐわない。私が基準にそぐわないのではない。逆だ。

基準のほうが私にそぐわないのだ。

昔もいまも、常にどこかが短すぎるか長すぎ、重すぎるか軽すぎ、ほとんどの場合はあまりに一元的だ。

モノクロームは好きではない。

あらかじめ定められた敷居や境界が、人の立ち位置を決め、人をテリトリーから除外したり、テリトリーに入れるのを拒んだりする。私は永遠にテリトリーの外側にいる。だが外側が間違っているなどと思ったことはない。まるでこの亡命状態が、私本来の場所であるかのように感じる。常に追放されている状態が。テリトリーの彼岸が。そして、そここそがまさに、私にとって適切な場所なのだ。自分の意欲を、欲望を、セクシュアリティを、思う存分生き切る場所。このダイナミックな彼岸を故郷とする友人たちとともに。育ってくる過程で、私のこの生き方に名前はなかった。そして後にも、名前をつけようとは思わなかった。なぜなら、名前をつければ新たな制限が生まれることになるような気がしたからだ。私にふさわしくない、または私にとって望ましくない、硬直し、ダイナミックさを失った、新たな基準とコードが生まれるような気がしたからだ。

「クィア」という表現が私には一番しっくりくるのは、だからこそなのかもしれない。形容詞というよりはむしろ動詞に近い言葉だ。「クィアする」「なにかをクィアする」——すなわち、なにかをかいくぐる、裏をかく、横切る、無化する、台無しにする。本質を決めつけるもの、アイデンティティを固定化するもの、すなわち、繰り返し規則を定義し、条件を定義し、「本物」と「偽物」、「適切」と「不適切」を定義しようとするもの——そういったものを、私は常に無化していく。悪意からではない。自然にそうなってしまうのだ。

いずれにせよ、私は #MeToo に関してそもそも発言することなどできないという否定的な声が出るであろうことは、じゅうぶん予測できる。なぜならクィアである私には、女性的な視点が欠けているとされるからだ。

あたかも、馬鹿にされ、嫌がらせを受け、軽視される女性たちのなかに、私は含まれていないかのように。女性嫌悪、女性蔑視や男性優位主義に由来するさまざまな形の差別を、私は体験したことがないかのように。

自分でも認めるのは難しいことだが、#MeToo をめぐる議論に私が発言することをためらった理由はそこにある。また、なぜ私にも発言する権利があるのかをまずは説明しなくてはならないと考えてしまう理由も。この時点で私はすでに、私には女性的な視点がないという見方に屈していたのだ。まるで、欲望の主体であると同時に欲望の対象でもある存在として発言することが、自分には不可能であるかのように。

そこにはまた、もうひとつの問いが埋め込まれている――むしろこちらの問いのほうが、私を動揺させるかもしれない。それは、問題を認識し、感情移入することが可能かどうかに、自身のアイデンティティがどの程度関わってくるか、という問いだ。

世間の議論ではときに、特定の経験を理解し、それについて意見を述べるためには、ある特定のグループに属していなければならない、その経験を自身でもしていなければならない、とされることがある。

本当にそうだろうか？ 社会的損傷、人種差別、性的虐待、暴力について発言することができるのは、それを身をもって体験した者だけなのだろうか？ もしそうなら、それは社会における議論にとって、どんな意味を持つのだろう？ 私自身の書くという行為にとっては、どんな意味を持つのだろう？ なにしろ私が書くのは主に、ほかの国々の、ほかの文脈における、ほかの生活世界における他者の体験なのだ。

現在進行形の #MeToo 議論においては、二種類のいわれなき想定がある。

ひとつめ。
他者の体験は追体験することができない、または理解することができない、というもの。
そうだろうか？ 本当に？

もちろん、基準に当てはまる人間にとっては、基準など意味を持たないと考えることは容易だ。
社会の一員であると認められている人間、
警察の身元確認に決して遭わない人間、

電車のなかで乗車券と身分証明書を見せるのは一度だけで済み、何度も何度も見せろとは言われない人間、

仕事の応募書類に常に返事をもらえる人間、

不動産業者から門前払いされない人間、

クラブのドアマンに中に入れてもらえる人間、

公的な書類にはっきりと自分の正しい性別を書いてもらえる人間、

役所から役所へと行脚する必要のない人間、書類から書類へと追われることのない人間、好きなものを食べるだけの経済的余裕がある人間、

映画のなかに自分と外見が似た登場人物を見つけることのできる人間、

歌詞のなかで一様に弱虫や変態として描かれることのない人間、

周囲になんらかの集団の一員や、なんらかの文化の代表者としてではなく、個人として見てもらえる人間、

アイデンティティではなく、ひとりの人物として見てもらえる人間、

そんな人間にとっては、

差別などない

と考えるのは容易なことだ。

なぜなら、差別は彼らの日常の一部ではないから。

だがそれでも、差別されるとはどういうことかを追体験することはできるし、理解することもできる。抽象的に理解すること、排除の構造として、メカニズムとして理解することはできる。さらに、具体的に理解することだってできる――誰かがそれを語ってくれるなら。

他者の体験を追体験するためには、すべての人間が自分と同じ外見を持っているわけでも、自分と同じ生き方をしているわけでも、自分と同じ信仰を持っているわけでも、自分と同じ愛し方をするわけでもないことを、知っているだけでいい。

必要なのは、自分自身の存在を規定する条件は、決して普遍化することができないという洞察なのだ。

必要なのは、学ぼうという姿勢だ。

他者の体験に耳を傾けること。彼らの話を、自身では一度も体験したことがないというだけの理由で、即座に「あり得ない」と否定しないこと。必要なのは、たとえば非白人や異教徒や失業者の日常が——または、単に女性たちの日常が——どんなふうなのか、一度じっくり耳を傾けてみるだけの好奇心だ。

だがそれは、逆に言えば、ある種の観点から見れば多数派よりも傷つけられやすく、場合によっては暴力や虐待や嘲笑または排除の経験をいくらか多く持つ私たちのほうもまた、そういった経験が多数派の日常の一部ではないことを理解せねばならない、という意味でもある。私たちにとっては日常的な出来事でも、彼らにとっては驚きであることを、理解せねばならない。私たちは、自分たちの痛みや悲しみと同時に幸福感をも、辛抱強く、何度も何度も説明せねばならない。

話を聞いた者たちのためらいや驚きを、私たちはよく、不信感や拒絶の表れだと感じて、気分を害する。私たちにとっては日常的な体験を他者が（いまだに）想像できないことが、とても信じられないからだ。

この点に関しては、逆に私たちのほうが学ばねばならない。

忍耐強さを。

無知を即座に「知りたくないという意志」と同一視しないことを。

簡単なことではない。ときには――いや、たいがいの日は――そんな力など出てこない。自身のエネルギーを削り取られもする。

だが、なにかを変えようと思うならば、これは必要なことなのだ。

……と、これまで私は書いてきた。#MeToo運動が起きるまでは。多くの人が、排除される体験、差別される体験、痛みを伴う体験を、まさに身を削るような思いで語った結果、（必ずではないにせよ、多くの）すさまじい拒絶に遭うまでは。

移民、有色人種、ムスリム、ユダヤ人といった人々が、日常的に見下される体験を、私たち非移民で白人のドイツ人に対して語ったとき――一般的な話ではなく、個人として体験したことを描写したとき――

――彼らは多くの場合、信じてもらえなかった。

多くの場合、不平不満ばかり言う、狭量だ、と非難された。

彼らの体験は何度も何度も、思い込みだ、自意識過剰だ、過敏だ、感謝が足りない、と矮小化された。

これまで自分が書いてきたことを、いまでもまだ書こうと思うかどうか、私にはわからない。さまざまな観点から見て、隅に追いやられ、排除される体験をより多く持つ者たちのほうが、本当にそこまで忍耐強くあらねばならないのだろうか。彼らは自分たちの体験を説明するだけのエネルギーを常に持ち続けることができるのだろうか。持ち続けねばならないのだろうか。ときには彼らだって、うんざりすることもあるのではないだろうか。彼らだってときには、「もう無理。もう嫌だ」と言っていいのではないか。

ふたつめのいわれなき想定。人間が他者の体験を理解し得ることを疑ってはいない。だが、体験したことのない人間は語ってはならない、というもの。

これは致命的な問題だ。

自身ではまだ性的嫌がらせを体験したことがない人間、見下され、侮辱された体験のない人間、そういった体験がもたらす痛みを個人的には知らない人間——彼らにもまた、発言する権利がなければならない。構造的な不平等または力関係の不均衡は、それによって不利益を被る人間でなくても、批判することができねばならない。

生まれや、特定の身分、文化、国に属することによる特権や立場を享受する者にとっても、その特権を疑問視することは可能だ。毎日のように具体的な不利益を身をもって経験しているわけではない人間が、弊害に気づき、認識することは、簡単ではないかもしれない。だがだからといって、その弊害を理解も批判もできないということにはならない。自身で体験してはいなくとも、排除と包摂、所属と非所属、平等と不平等の構造や論理を指摘し、批判することはできる。

なぜ、構造的な人種差別に対して白人が、同性愛嫌悪に対して異性愛者が、セクシズムに対して男性が、批判的な発言をしてはならないのだろうか？ なぜ無神論者が信仰の自由を訴えてはならないのだろうか？ むしろ私は、彼らにこそ発言してほしいと思う。

こう考えない日はない――「お願いだから、今日は誰かほかの人が説明してくれないだろうか？」

または、反ユダヤ主義に関する発言がまたしてもユダヤ人本人に委ねられることを、恥じない日はない。スカーフをかぶることを宗教的実践のひとつの可能性として擁護する役割が、またしてもムスリム本人に委ねられることを。

自身の必要を超え、自身の属する集団、階層、生活様式を超えて考える能力と可能性なしには、正義も認知も自由も考えられない。さまざまな概念を発展させ、異なる体験を比較することなしには。

自身の必要、自身の視線、自身の利益についてしか語ることを許されない状況が長く続けば、そこからは単一の言説の連なりしか生まれなくなってしまう。

必要なのは、多様な声と多様な体験だ。自身の立場について考察し、それから他者の視線を取り入れてみること、自身を他者との関連のなかで見ること、私たちそれぞれが置かれている社会構造のなかで見ること。とはいえ、率直に言えば、こういったことは常に身近で起きている。なぜなら、私たちは決してたったひとつの立場、たったひとつの文脈、たったひとつの権力構造のなかで生きているわけではないからだ。私たちは常に、さまざまなヒエラルキーやさまざまな社会構造のなかに組み込まれている。複数の領域で交錯する多様な差別体験を持っている。私たちが持つ特権もまた同様に多様だ。それゆえに、個々の人間どうしの同盟関係、他者との共通点、相違点は、時と場合によってさまざまに変わるものだ。

私にとって必要不可欠なのは、この多様な関係性を常に自覚していることだ。私がとてつもない特権を持ち、守られている領域について考察すること。世界のほかの地域に生きる人々や、この国の、私のすぐ近くに暮らしながら、別の社会的、文化的関係性のなかで生きている人々が耐えねばならないさまざまなことがらを、私は体験せずにすんでいる。私のように暮らし、働けることがどれほど稀なことなのかを自覚すること。そしてそれが自分の力で勝ち取った特権ではないことを自覚すること。私の社会的な立場が、他の人々に毎日のようにのしかかるさまざまな辛い体験から私を遠ざけてくれていることをきちんと理解し、謙虚でいること。

だがそれと同時に、排斥、憎しみ、脅迫を受ける体験が容赦なく私の身体のあらゆる組織に刻み付けられる領域もある。法律やテキストや行為などによって、この国のみならず、世界中の無数の国で、私は異質な存在という烙印を押される。犯罪者だと定義される。はっきりと明文化され、約束されているはずの私の人間としての尊厳が、実際にはどれほど脆いものか、どれほど簡単に無に帰すものかを、毎日のように実感させられる。遠い場所でのみならず、この国でもそうだ。だが、人を排除する行為や社会構造を批判するためには、私自身がそれらの被害を実際に受けている必要はない。

不平等は、そこから利益を得ている者たちによっても批判されない限り、解消されることはない。

とはいえ、自分が不利益を被っているのではなく、別の誰かの不利益になっている行為や社会構造について発言してもいい、批判してもいいということは、いつかなるときにも批判せねばならないという意味ではない。

他者に先を譲る、他者の言うことにまずは耳を傾ける、彼らの自己描写、彼らの語りに耳を傾け、それに自分を合わせるという行動は、自己検閲ではなく、単に人間としての礼儀や常識の結果である場合も多い。ある種の人々の声や視点が歴史的にないがしろにされてきたのであれば、まずは彼らが彼ら自身の視点から語ることを認めなければならない。それが「彼らのための」語りであるという理由で、拒絶するのではなく。この場合の私たちの課題は、その語りのための空間をまずは開放することであり、また、他者の語りを、よりよく聞こえ、よりよく見える形にするために、自身の恵まれた立場を利用することだ。

さて、では、なぜ私はここで発言しているのか？ どんな立場から？

私は、愛し、欲望を抱く者の立場から発言する。女性を愛し、女性に欲望を抱く者の立場から。性的対象として女性を見つめ、女性から見られる者の立場から。ここでこの立場を表明しておくことは、重要なのかもしれない。というのも、私は潜在的に、女性を性的対象として見つめ、考え、欲する者として発言するのと同時に、女性として見つめ、考え、欲するのでもあるからだ。だが、重要なのは結局のところ、ここで見つめ、考え、欲するのが単にひとりの人間だという、それだけのことではないだろうか。

＊

二〇〇一年、私はフォトグラファーのトーマス・グラプカとともに、アフガニスタンにいた。カブールに。米軍と北部同盟が町を制圧した後だった。当時は、町をタリバンから「解放した」と言われていた。滞在初期のある日、私たちは旧王宮からいくらか離れたところにある小さな建物の前に、北部同盟の市民兵のグループがいるのを見つけた。そのなかのひとりが話してくれたところでは、彼らは「国立博物館」を破壊から守るというあり得ないような任務についていた。兵士たちと語り合ううちに、彼らは私たちを小さな警備小屋に招き入れ、お茶をご馳走してくれた。床に座った私たちにお茶を出してくれたのは、ひとりの少年だった。

少年の年齢はよくわからなかった。その手は、日常的に手を使う仕事をする人間、激しい労働をする人間のものだった。動物の扱いか犂の扱いに慣れているか、小屋を建ててきた手ではないかと思った。その場では、その手がやかんを火にかけ、お茶を淹れ、給仕をしていた。少年は非常にもの静かで、ふっと姿が消えてしまうのではないかと思われるほどだった。その場にいたが、存在感はなく、目に映っているにもかかわらず、透明人間のようだった。私たちにお茶を出すと、少年は隣の部屋へ引っ込み、座って、兵士たちの軍服を例の手で繕い始めた。

その少年のことを、ここではナイムと呼ぶ。ナイムは北部同盟の「私的捕虜」だった。パキスタンから連行され、戦争のなかで育てられた。少年兵としてではなく、あらゆる仕事を担い、必要なあらゆることに使われる奴隷として。あのときのナイムが、すでにどれほどの期間をそうやって囚われの身として過ごし、各地を連れまわされてきたのかを、知ることはできなかった。戦争が終わった（少なくとも、当時はそう思われていた）いま、これからどうなるのか、いつか解放されて自由になる日が来るのか、いつか自分自身の人生を生きることができる日が来るのか、家へ帰ることができるのか——私たちにはそういったすべてを知る術がなかった。

私はそれから何年も、あの繕い物をしていた囚われの少年のことを考え続けてきた。何年も、ナイムのような人間の人生はどんなものだろう、どれほど孤独で、絶望的で、悲しいものだろうと、問い続けてきた。何年も、ナイムは解放されただろうかと考え続けてきた。解放された少女たちや、少女たちのための教育の記事を読むたびに、警備小屋にいたあの少年のことを思い出した。

やがて、何年もたったある日、とある記事を読んだ。それは、アフガニスタンへ連れてこられ、奴隷として使われたパキスタンの少年たちについての記事だった。そこには、将軍たちや兵士たちがよく少年奴隷を所有していたこと、彼らが家事雑事に使われるばかりでなく、あらゆる要求の対象であったことが書かれていた。奴隷として、頻繁に虐待され、強姦され、性行為を強要されたと。私は記事をさらに読み続け、バッチャ・バーズィーすなわち「子供遊び」という古い伝統のこと、そのために思春期に入りたての少年たち（バッチャ）が訓練され、パーティーで皆を楽しませるために（そしてときには性的な目的で）女装させられることなどを知った。少年たちがそんな役割を持つにいたる理由は、無数にある。親が自分から子供を差し出す場合もあるだろうし、債権者に借金を返済するために息子を質に出す親もいる。[6] ナイムは「バッチャ」にしては歳が行きすぎていたと思う。だがそれ以外のあらゆることには、決して歳を取りすぎてはいなかった。

この記事を読んで眩暈がしたのを、いまでも憶えている。ナイムのことを思い出した。彼の本当の名前は、もはや忘れてしまっていた。だが顔は忘れていなかった。以前の旅のデータをすべて当たった。フォトグラファーに連絡を取って、カブールの警備小屋で会ったあの悲しい少年のことを憶えているか、保管データを調べて写真を見つけられないか、と訊いてみた。

送られてきた写真を、私はじっと見つめた。少年の姿を見て初めて、彼がどんな目に遭っていた可能性があるのか、想像することができた。

そのときになって初めて、それまではタブーに覆い隠されていたことがらを、想像力が埋め始めたのだ。少女のみでなく、少年もまた、性暴力の被害者になり得ること。自身を厳然とヘテロセクシャルだと主張し、同性愛を病であり犯罪であると見なす政権や男たちであっても、少女や成人女性のみならず、少年や若い男性たちをも性的に虐待する可能性があること。そのときになってようやく、それまでは考えられなかったことを、具体的に想像できるようになった。ようやく、あの囚われの少年の身に起こっていたかもしれないことがらについて、私の知覚の及ぶ範囲が広がったのだ。

©Thomas Grabka

実際になにがあったのか、私は知らない。ナイムがどんな目に遭わされたのかは知らない。知っているのは、彼がされたかもしれないことを、これまで私自身があり得ないと否定してきたことだ。なぜなら私は、その可能性について考えることさえできなかったからだ。

知覚というのは、最初からそこにあるものではない。

私たちが既存のものとして知覚することがらは、実は動的な、選別されたプロセスなのだ。「知覚する（percipere）」と「気づく（appercipere）」は別の概念だ。さまざまな感覚は、吸収され、選別され、フィルターをかけられ、構造を与えられ、文脈のなかにあてはめられ、記憶される。知覚されたことがらは、以前から保存されていた知識の在庫と比較され、既存の概念や連想に従って解釈される――そして「気づかれる」、すなわち意識的に理解され、受け入れられるのだ。

つまり、なにかを知覚する能力は、それまでなにを知覚してきたかということとも関係があるのだ。新しい知識や理解は、それまでに知ったこと、理解してきたこととも関係がある。それゆえ、数々の情報が矛盾する場合、それまでの経験とつながりのない情報のほうが、よく不利な扱いを受けることになる。一度も聞いたことのない話は、それまでの古い知識を反映する話に比べて、「聞いたこともない」と貶められ、「あり得ない」と受け取られがちだ。

それを嘆くこともできるが、逆に、今後の課題として、学びと変化の可能性、行動の可能性として利用することもできる。

知覚（および理解）がその量と、すなわち経験の頻度と関係があるのなら、訓練することも可能だということだ。個人としてはもちろん、社会全体としても訓練を積んでいくことができる。なにかを想像することも、誰かの身になって考え、感じることも、他者のさまざまな経験や出来事を「あり得る」と考えることも、頻繁に練習を積めば積むほど楽にできるようになる。

（6）以下を参照。https://www.bbc.co.uk/programmes/p00f0hh または https://www.welt.de/politik/ausland/article9189064/Baccha-Baazi-Afghanistans-Kinderprostituierte.html.
また、以下の文献は、性暴力を伴わない伝統的な「子供遊び」の諸形態について非常に詳細かつ印象深い分析をしている。Ingeborg Baldauf, Die Knabenliebe in Mittelasien, Bačabozlik, o. O., 1988.

私にとって、#MeTooのハッシュタグを付けて語られる多くの体験談の意義は、そこにこそある。誰かを弾劾したり、男性または女性の本質はこうだと決めつけたりするのではなく、これまでとは異なることがらを、これまでとは異なるやりかたで知覚すること。想像したくないことがら、そんなことがあり得るとは考えたくないことがらにまで、想像の翼を広げること。視線を変えて、より柔軟で、自由で、活発で、公正な見方を身につけること。

知覚は自然には変化しない。何度も繰り返し訓練しなければならない。なにを学ぶにしても同じことだ。（よく）聞く訓練、（よく）見る訓練が必要だ。世間のタブーや慣習が普段私たちに強いるのとは別のことがらを知覚する準備をするために。新たな見方の訓練が必要だ。見たいものだけ、考えたいことだけを知覚する古い習慣を抑え込むために。

多くの人がそうやって訓練するうちに、ムスリム男性や難民ばかりではなく、ドイツ国籍を持つキリスト教徒の男性もまた、性暴力の加害者として目に見える存在になるかもしれない。また逆に、やはり難民の男性もまた性暴力の加害者として多くの人の目に見える存在になるかもしれない。こうしてどちらの場合も、外の現実に、内にあるイメージが近づくことになる

――そして、ルサンチマンに基づく妄想も、いくらか相対化されるかもしれない。

また、被害者が女性ばかりでなく、加害者が男性異性愛者ばかりではないことに気づく人もいるだろう。

女性が日常的に置かれている状況について、そもそも初めて思いを巡らせる人もいるだろう。
女性たちの労働条件、給与、女性たちが適応せねばならないとされる「あるべき姿」に。
それまでは、どちらかといえば忘れられるか見過ごされてきた人たちを知覚するようになる人もいるだろう。
そもそも他者の視点というものについて、初めて思いを巡らせる人もいるだろう。

同時に、知覚が変わり、力関係について語る方法が変わり、誰が手を出せない存在なのかの基準が問い直され、確信が変化し、沈黙の輪がもはや維持されることがなくなれば、それまで抵抗する術を持たなかった人たち、口を開く勇気を持てなかった人たちもまた、新たな別の想像力を花開かせることができるだろう。

これもまた、個人としても集団としても学べることだ——もはや自分を無力だとは考えないこと。それは、自分は孤独ではないと感じることから始まる場合もある。自分と同じ体験をした人の話を聞くことで、恐怖や恥の意識を克服する人もいるだろう。パートナーや母親や兄弟姉妹を苦しめないために自分の体験を隠す必要などないこと、自分にとって恥ずかしく、哀しく、辛い出来事を語っても受け止めてくれる人がいることを知る人もいるだろう。自分の話を聞き、自分を尊重し、信じてくれる場所や集まり、人や団体が存在することを発見する人もいるだろう。友人たちの輪や家族や職場が、裁判所で証言することを応援してくれていると感じる人もいるだろう。そうして、自身の力、自身の主体性に確信を持つことができるだろう。

簡単なことではない。誰でも簡単に抵抗し、簡単に自身の体験を語ることができるなどと、期待するのは無意味だ。私はよく、恵まれた境遇にいる女性たちが、「そんなことは誰にでもできるはずのことだ」と主張するときの厳しさ、冷たさに驚かされる。自分の望みをはっきり持つこと、なにが嫌なのか、なにがあったのかをはっきり口に出すこと、どんな攻撃や蔑視にも抵抗すること。残念ながら、それは年配の女性たち（ばかりではなく、ほかの人たちも）のなかにいまだに残る歴史的な価値観を頭から否定するものだ。また、少女たち、少年たちの価値観を形成する文化の違いを否定することでもある。社会的な前提の違いによって、自身の望みや窮状を口にするのが簡単な人と難しい人がいるという事実を否定することだ。

私たちは、口を開くだけの勇気を持てない人を嘲笑し、軽蔑するのではなく、むしろ彼らが自身の体験をよりよく理解し、口にすることができるような社会的環境を作っていかなければならないのだ。

*

あり得ない。

まず来るのは抵抗だ。そして人は、「驚いた」と言う。「混乱している」、なにより「ショックだ」と。なんらかのひどい行為の話を聞いたとき、人はまずまっさきに驚きを口にする。道徳的な期待に矛盾するそのような行為がそもそも起こり得ることへの驚きだ。

あり得ない。

虐待や暴力体験が、それまで守られてきた人生のなかに入り込んでくる。それは、直接その体験をした者を傷つけ、損なうのみならず、その話を聞き、読む人間にも不快感を抱かせる。

人間の成す悪は例外でなければならないというのが、私たちの暗黙の期待なのだ。人間が別の人間にそんなひどいことができるなどと、納得したくはないのだ。

あり得ない。

この不信に満ちた驚きは、被害に遭わなかった人間の自己防衛でもある。同じ社会に暮らす人間たちに不信感を抱いたまま生き続けるのは難しい。他人がいついかなるときに自分を虐待し、攻撃してくるかわからないと思いながら生きるのは難しい。

そういう意味では、犯罪や過ちは道徳的な問題であるのみならず、最初から認識上の問題でもある。犯罪はすすんで理解されることはない。世界や人間とはこういうものだという慣れ親しんだ予想や期待にあてはまらないものだからだ。だからこそ、それは無理解を生み出さずにはいない。

冒頭に記した反応も、そのように説明がつく。これまで検察が性的虐待や強要の容疑で捜査を始めたさまざまなケースにおいても、捜査が終わった後にさえまだ、こういった反応が見られた。世間の戸惑いや混乱のなかで表明されるのは、受け入れがたい行為に対する道徳的な怒りのみならず、それが例外的なことがらであり、決して日常的に起きていいことがらではないという相互確認でもある。

そんなことがあってはならない。

この言葉には、社会の驚愕を表すものとして、どこか安心できるところがある。それは、この言葉が人間どうしの付き合いがどうあるべきかという共通認識を確認するものだからだ。あらゆる虐待や暴力行為を当たり前のもの、自然なものとして甘受するような社会は、私たちが暮らしたいと思う社会ではない。一方で、虐待や暴力行為が単に道徳的な意味で私たちに苛立ちと不快感を抱かせるからというのみならず、その行為に及んだとされる人間がいわゆる「典型的な犯人」像に当てはまらないという理由で、あり得ない、考えられない、という言葉が表明される場合、話はまったく別である。

つまり、疑いがかかっている人間がそれまで無害な隣人だったから、または品行方正な市民だったからという理由で、そんなことは「あり得ない」と言われる場合だ。疑いをかけられた人間が熱心な活動家であり、よき友人であり、その特別な芸術的または教育的または政治的業績から、そんなことをするはずがないのは明らかだ、という説明と結びつけば、「あり得ない」

という抵抗は、ますます歪んだものになる。

感じのいい人間や才能に恵まれた人間が罪を犯すなどあり得ないというのは、ばかげた想像である。悪人ですと顔に書いてあるような人間のみが犯罪を犯すという証拠もなければ、逆に、シューベルトのソナタを弾けたり、コンピューターのためのセキュリティプログラムを開発できたり、ヘルダーリンの詩を引用できたりする人間は、決して人を虐待することも、貶めることも、痛めつけることもないという証拠もない。国際的な名声を誇る哲学教授も、市民大学で消費者保護法を教える講師も、まったく同じように人権侵害を犯す可能性を持っている。

これまでのところ、なんらかの才能――造形美術や数学の才能、または単に友達を作る才能――が、場合によっては他者を貶めたり、虐待したり、苦しめたりするのを防ぐという証拠はない。一般的な意味での知性や性格の良さが、性的虐待や残虐行為を抑制するわけではない。

とはいえ、逆もまたしかりだ。愚かきわまる、性格の歪んだこの上なく嫌らしい人間であっても、無実かもしれない。ありとあらゆる不快な性質や異常な習慣を持つ人間だからといって、それだけではなんの証拠にもならない。以前から感じが悪かったとか、これまで乱れた生活を送ってきたとか、それだけの理由で性犯罪を犯しても不思議ではないと拙速に決めつけることは、誰かの才能に感嘆しているからというだけの理由で、その人が犯罪を犯したという証言や証拠にどれほど信頼が置けようと、それを無視して熱心にその人を擁護するのと同じくらい、軽率なことだ。

同時に、犯罪の被害者もまた、決して好感の持てる人物である必要も、どこから見ても罪のない人物である必要もない。あまりぱっとしない人生、または奔放な人生を送ってきた人、以前罪を犯したことのある人もまた、性的暴力の被害者であり得る。薬物依存症だから、路上生活者だから、または単に不平ばかりの付き合いづらい人だからといって、不正な日に遭ってもいいということにはならない。

重要なのはただひとつ、誰かがなにかを強制されていないか、本人の意思に反してなにかをされていないか、自分の意思で賛成または反対することができているか、なのだ。それが伴侶との関係であろうと、バーでたまたま知り合った人との関係であろうと、またはビジネス上の関係であろうと、なんの違いもない。わかりにくく、混乱をもたらすことかもしれないが、ある人についてのイメージと、その人の行為についてのイメージは、決して重なるわけではない。悪魔的な所業の犯人が悪魔的であるとは限らないのだ。[7]

＊

それゆえ我々は、国内および国際的な場で、ジェンダースタディーズや、女性の比率に関する規定、「イコール・ペイ・デイ」または「性別による区別のない言葉」といったプロパガンダ活動によって彼らの理念を実現しようとする取り組みを拒否する。

〈ドイツのための選択肢〉は、ドイツ連邦および各州における家族政策の対象は、父親、母親、子供からなる家族であることを望む。基本法第六条第一節における「家族」という言葉の意味が、前述とは別の共同体へと拡大され、それによって家族が国家による特別な保護を受けられなくなる事態を拒否する。

——〈ドイツのための選択肢〉の二〇一七年選挙プログラムより

自由を制限しようとする者たちは、その計画を隠してはおかない。平等という概念を抑圧的な意味でしか理解しようとしない者たちは、徒党を組む。

彼らはさまざまな名称や称号のもとで人を動員する。
彼らは過激化している。ハンガリーで、ブラジルで、ロシアで、トルコで、イタリアで、サウジアラビアで、アメリカ合衆国で。そしてここドイツでも。彼らの反現代的、反啓蒙的な野心は、あからさまだ。

彼らは特定の女性だけ、特定の家族だけを支援し、特定の民族概念だけを、特定の信仰だけを正当なものと見なす。それ以外はすべて、「不自然」「異質」「不健康」「エリート的」「コスモポリタン的」としてその正当性を否定する。

彼らは福音派の場合もあれば、イスラム主義の場合もあり、ロシア正教の場合もある。

彼らは過ぎ去ったなんらかの時代を賛美する。その時代とは、国がまだ帝国だったころ、または均一だった、信仰深かったとされるころであり、三権分立がまだそれほど厳密でなかったころ、ジュネーヴ条約がまだ有効でなかったころ、恥の意識などなしに人を拷問にかけること

(7) この段落は、「南ドイツ新聞」に掲載された拙コラムをもとにしている。https://www.sueddeutsche.de/politik/kolumne-boeses-1.3028440

が許されたころだ。臨時政府、皇帝、またはなんらかの、ほとんどの場合は男性による絶対的かつ非民主的な権威が国を治めていたころ。それは思い込みに基づいた妄想上の時代だ。伝統的な家族像が、歴史的に発展してきたものではなく、キリスト教的なり、イスラム教的なり、またはなんらかの「自然な」状態とされたころ。彼らはさまざまな物語を語る。さまざまな歴史上の例を挙げる。だがそのどれにも共通するのは、それらが市民権や女性の権利を蔑視する権威に基づいている点だ。同性愛やトランスセクシャルの敵視、それぞれの社会に都合のいいように「他者」を創り出す人種差別もまた共通している。科学と学問の軽視、慈悲心のなさ、同情心のなさ、許すことを頑なに拒む意志も。そして、ほとんどの場合、他者を見下したい、破滅させたいという意志も……

その意味では、私たちがここで投げかける問いは、ちっぽけでも、月並みでもない。エリート意識による傲慢な問いでもない。

それは、世界中の多くの国の、多数の人とは違う愛し方、違う生き方をする女性たち、男性たち、トランスジェンダーたちにとって、生きるか死ぬかの問題だ。自身の身体が拷問や監禁や手術やリンチを受けることになるかどうかという切実な問題なのだ。

最悪の事態には遭わずに済むその他の人間、つまり

私たち皆にとっても、

この問いには、自由が生き残るかどうかが懸かっている。

それゆえ、フェミニズムをめぐる議論は、決して贅沢な議論ではない。虐待や性暴力と闘うこと、搾取の構造や、同性愛者やトランスジェンダーを敵視する男性優位主義的行為や信念を批判すること――それは決して、優先順位の低い議論ではない。「正しい」「重要な」「本物の」諸問題――たとえば、労働者や、社会から切り離された者たち、取り残された者たちの問題――に取り組み、それらを解決した後で初めて向き合うことが可能になる、下位の問題では決してないのだ。

真剣に受け止めねばならないとされる「主要な問題」と、先延ばしにすることも、苦笑いで終わらせることも、後回しにすることもできるとされる「副次的な問題」があるという理屈は、

人間蔑視にあたる。なぜなら、それは人の痛みに順位をつけることだからだ。

ある種の人たちの痛みは、「他者」の痛みよりも重要だと?

なるほど。

ところが、副次的で、それほど急を要するわけでもなく、後回しにしても構わないとされる他者の痛みは、「偶然にも」常に、黒人や、同性愛者や、女性や、ユダヤ人や、移民の痛みなのだ。

こんな状況は、いい加減に終わらせなければならない。

「抑圧に上下関係はない」と、アメリカの詩人にして市民権活動家のオードリー・ロードは書いた。誰の人権や市民権がまっさきに尊重されるべきかという優先順位はない。多数派の社会的困窮と、少数派の文化的困窮を、別々にとらえるべきではない。ちなみに、数の上では男性と同じはずの女性が、こういう場合には常に少数派のほうに組み入れられるのは興味深い現象だ。

尊重は、余裕のある者だけが持つことのできる贅沢品ではない。尊重は、後回しにできるものではない。

尊重は、誰にも与えられてしかるべきものだ。いついかなるときにも。

人を認めること、承認することに関する問いは、社会的問いであり、余剰の再分配をめぐる問いである。逆もまたしかりだ。

人間どうしを各々の属性に分裂させるのは間違っている。トルコ人の女性工員やムスリムの同性愛者やユダヤ人の年金生活者などが、あたかも存在しないかのように見なすのは間違っている。

互いに交錯し、高め合い、強め合うさまざまな人のさまざまな体験を、ある特定の集団のものか、そうでないかで単純に二分するのは間違っている——それもただ、人々の要望や要求をはねつけるためだけに。

虐待や性暴力をめぐる議論、

賃金の平等や昇進の平等をめぐる議論、

あらゆる性の平等への問い、女性の比率への問い、身体やセクシュアリティにまつわる考察や、発言がなされる際のさまざまな概念やイメージへの問い、

なんらかの生活様式に対する蔑視が再生産される際の社会的、美的、経済的、政治的条件

——これらすべてが緊急の問題なのだ。そしてこれらの問題について考えることは、さらに別の諸問題を通して自由と平等について考える可能性を、否定するものではない。

私は、弱者への配慮に欠ける容赦ない住宅政策を批判すると同時に、言葉による性差別を批判することができる。

自由貿易地域における工場での労働者搾取に反対すると同時に、ユニセックストイレの導入に賛成することができる。

相続税の増税を求めると同時に、ムスリム女性の自己決定権を擁護することができる。

ヨーロッパ全域にわたる失業保険と同時に、持続的な環境保護を望むことができる。

さらに言うなら、乱交のための空間を要求すると同時に、公立学校における宗教の授業に賛成することだってできる。

ちなみに、最後の例は、読者を完全に混乱させるために挙げた極端なものだ。

私は、社会的問題を文化的問題と、
政治的問題を経済的問題と、
生態学的問題を宗教的問題と結びつけることができる。
また、地域の問題とグローバルな問題とを同時に考えることもできる。

間違った対立の図式こそが、世間の議論を分散させるのだ。

私たちを分裂させ、互いに対立させようとする力の思うがままになってはならない。そんなことになれば、私たちは自分自身をも分裂させねばならなくなる。たとえば、白人としての自分と同性愛者としての自分、または移民としての自分と無神論者としての自分、または黒人としての自分と中流市民としての自分、といったふうに。

私たちは、自身の多様性、自身の個人性を否定して、間違った単一のカテゴリーに自分をあてはめてはならない。

あらゆる問いは、自由に関する問いであると同時に正義に関する問いなのであり、社会的問いであると同時に政治的問いであり、いわゆる多数派の問いであると同時にいわゆる少数派の問いなのである。

それらは、民主主義社会において、誰もに関わる問いなのだ。

＊

「道徳テロ」

この言葉を初めて目にしたとき、タイプミスだろうと思った。

または、別のテキストにあった言葉がうっかり零れ落ち、消去されないまま、間違ったテキストに間違った文脈で残ってしまったのだろうと。

そういうことはある。

言葉がどこかからさらわれること、言葉自身の意思と意味に反して使われることはある。誰の目にもつかず、誰の耳にも聞こえないまま、どこからか引っ張ってこられて、まったく関係ない場所に突然落とされることはある。

おっと。

ふと気づけば、その言葉はすでにそこにあり、言葉自身にもきっと、なにが起きたのかわかっていない。突然そこに現れる。そこは本来の場所ではなく、その言葉にふさわしい場所でもなく、道をふさぐ障害物のように、邪魔になるだけだ。視界をさえぎり、人に迂回を強い、回り道をさせたり、思いがけない隠れ家へと導いたりする。

最初、私はこの言葉を押し戻そうとした。この言葉が本来いるべき場所を探しに戻らせようとした。ところが、気が付くとこの言葉はすでに世間に居座っていて、当たり前のように使われ、利用されるようになっていた。

「道徳テロ」

性暴力や性的嫌がらせの描写に、この「道徳テロ」という概念がいったいどう関わってくるというのだろう?

どうしてフェミニズムの立場からなされる発言は頻繁に、「道徳テロ」だ、「欲望を敵視する」ものだ、「厳格主義」だ、と批判されるのだろう？　この文脈で、どうして「道徳」が出てくるのだろう？　それに「テロ」が？

本当にさっぱりわからない。

ある女性が、またはある男性が、またはあるトランスジェンダーが、不適切なやり方で体に触れられた話、嫌がらせを受けた話、虐待を受けた話をする。するとこんな答えが返ってくる。「道徳テロだ」。

いったいなにに対する「テロ」だというのだろう？　なにかを強要されたり、嫌がらせを受けたりといった出来事や経験を語ることが、テロ行為のように恐怖と驚愕とを広げることになるというのだろうか？　誰の恐怖と驚愕を？

「道徳テロ」という言葉を使うのは、出来事が公然と語られるのが気に入らない人間だ。欲望とセクシュアリティの領域――自分たちの欲望と自分たちのセクシュアリティの領域――を、根本的に言葉にしてはならない領域だと考えている人間だ。あたかも、彼ら自身の行動や態度が問題にされることなど、あってはならないというかのように。自分たちの欲望をかきたてることがらは、手出しのできない神聖な領域になくてはならないというかのように。

実際、「道徳テロ」という言葉を使う人たちがどんな欲望を抱こうが、まったくの自由だ。なにを楽しいと思おうが、なにを妖艶だと思おうが、それも自由だ——ただ彼らには、なにが他人を喜ばせたり、興奮させたりするのかを決めつける自由はない。

ところが彼らの理屈では、奇妙なことに、欲望は常に欲望でなければならない。たとえそれが他者にとっては欲望などではなくても。欲望は、たとえそれが一方的なものであっても、常に欲望でなければならない。欲望は常に、問答無用で、無条件で、疑念の余地のないものなのだ——そもそも人間どうしの関係において、問答無用で、無条件で、疑念の余地のないなにかなど、存在するものだろうか。

それこそがまさに、「道徳テロ」という脊髄反射的な批判の最も興味深い点かもしれない。そう批判する人は、自分たちを、ものごとを難しく考えない、さばけていて、おおらかな人間だと思っている。

そして、反対陣営を、堅苦しくて、性的欲望を敵視する、「道徳的な」人間として非難しようとする。

ところが、彼らは自分たち自身のセクシュアリティは自由で寛容だと主張しながら、同時にそのセクシュアリティを話題にしてはならないものとしてまっさきにタブー化する。そして、その姿勢に固執することで、自分たち自身を守ろうとする。要するに、自分たちが非難する「道徳的」な態度を、自分たち自身が取っているのだ。

「道徳テロ」だと文句を言う人間は、なにが欲望をかきたてるかをめぐる会話を、自分たち以外の人間が欲望とセクシュアリティを妨げようとする、という主張で妨げようとする。「道徳テロ」だと文句を言う人間は、「触る」という行為には、欲望をかきたてるものもあれば、そうでないものもあることを、認めようとしない。

彼らが「道徳テロ」だと非難する発言は、実際には単にこう言っているのだ。「あなたが言うこと、やること、あなたが（あなたにとって）セクシーだと思うことは、私には楽しくない、私には怖い、私には恥ずかしい、私を貶める、私を傷つける」

要するにこれらは、自分がなにを望まないかという発言なのだ。

それは道徳とはなんの関係もない、自己決定権の問題だ。

ここで、「意志」についてもう一度明らかにしておくべきかもしれない。

特定の誰かの特定のなにかを望まないということは、なにも望まない、ということではない。

誰かに対して、なんらかの態度、身振り、行為に対して「ノー」と言うことは、別の人間の（または、場合によっては「ノー」と言った同じ相手の）さまざまな別の態度、身振り、行為を望まないという意味ではない。「ノー」と拒絶するのは、場合によっては、それによって自分が望むもの、自分の欲望をかきたてるものに「イエス」と言う場所を開くためだ。

「ノー」は、望まないものを排除する。だがそれは、踏み越えてはならない一線を引く行為に過ぎない。その線のこちら側は開かれており、どんな空想も試みも自由自在だ。存在する欲望も、新たに創り出される欲望も。探り合い、触れ合い、おずおずと慎重に、または軽やかに、または情熱的に、「ディルド」や「プラグ」を使って、匿名で、または親密な者どうしで、慌ただしく、またはゆっくりとためらいがちに、または互いに明確な合意の上でのSMプレイのように――自分や他者の欲望をかきたてる触れ方や行為は多種多様だが、大切なのは常に、それが双方の欲望である点だ。なにが許されるかについて双方の合意があり、「イエス」が疑いの余地なく「イエス」であり、そこから初めてなにかが生まれ、発展し、試され、味わわれるという点だ。

「イエス」は始まりに過ぎない。「イエス、それから……」の後になにが続くかは、決められていない。それもやはり、私たちがなにを望むかにかかっている。そこにこそ、魅惑と生命力と興奮があるのではなかろうか――好奇心と一体になった欲望にこそ。未知のものと一体になった欲望。それぞれの身体、身振り、言葉のなかに共通言語を探す欲望。爆発的でも、過激でも、緩慢でも、迅速でもあり得る欲望。粗野でも、優しくも、力強くもあり得る欲望。だがそれはすべて、互いの合意からしか生まれない欲望だ。「イエス」と、「それから」からしか。

私たちのセクシュアリティが、周囲から見て理解可能かどうか、外聞がいいかどうか、お行儀がよくつまらなく見えるか、変態的に見えるか、すべてはどうでもいいことだ。重要なのはただ、そこに当事者全員の合意があるかどうかだ。

「道徳テロ」？

他の人たちがなにに欲情し、なにに欲情しないかを知ることは、興味深いことではないのだろうか？　ためになることではないのだろうか？

もちろん、思いがけない認識に至ることもあるだろう。

これまで誰にとっても面白いはずだと思っていたこと、お互いに楽しんでいると思っていたこと、ゲームだと思っていたこと、好意を示す手段だと思っていたこと、エロティックだと思っていたことが、別の人間にとってはそうではなかったことが、明らかになる場合もあるだろう。

すると突然、これまでカッコいい、または無害だと思ってやっていたことが、急に恥ずかしくなる場合もあるだろう。ときにはそれまでの自己像の変革を迫られることもあるだろう。それまで、悪意などない、ささいなことだと思っていた習慣を見直す必要に迫られることもあるだろう。

そこから生まれる不安を、私は理解しているか？

もちろん。よく理解できる。自分の振る舞い、自分の口にする言葉が、自分の意図どおりに相手に受け取ってもらえるかどうかわからないのは、確かに不安なことだ。

当然、それは不安を誘う未知の領域だ。危険はいたるところに潜んでいる。間違った口調を選んでしまう危険。早すぎたり、遅すぎたり、声が大きすぎたり小さすぎたり、不器用すぎたり、自信過剰だったり、といった危険。

ただ、絶対に持っていなければならないのは、他者の欲望への欲望と、未知のものごとを発見する喜びのみだ。存在するあらゆるエロティックな言葉を互いにかけあう喜び。公園であろうとベッドのなかであろうと、トイレだろうとソファだろうと、私的空間だろうと、半分公共の場だろうと、チャットルームだろうと、自宅の居間だろうと。出会ったばかりの見知らぬ者どうしであろうと、長年のパートナーとであろうと。事前に約束し、取り決めた行為であろうと、なんらかの役割が割り振られていようと、またはすべてが不確実で、その場で初めて決まる行為であろうと――大切なのはただ、互いが興奮を覚えること、互いが楽しむこと、互いが互いを求めることだ。大切なのは、互いの合意から、互いの「イエス」からなにが生まれるか、なのだ。

それは「道徳テロ」とはいわば正反対のものだ。#MeTooの目的は、セクシュアリティを否定することではない。

#MeTooが訴えるのは、セクシュアリティを欲することだ。

虐待や強要はセクシュアリティではない。

あくまでも虐待や強要だ。

#MeTooにおける議論を「道徳テロ」または「欲望の敵視」と非難する人間は、恥のありかをずらそうとしている。彼らは、恥ではなく、怒りや悲しみを感じている人、または別のなにかへの欲望を感じている人に対して、「恥ずかしがっている」と決めつけて苦笑する。見過ごされがちなのは、屈辱や蔑視を受けた体験は、人を怒らせるのみならず、打ち砕きもするということだ。屈辱や蔑視に対して抵抗する女性は狂暴だと非難されることが多く、彼女たちがどれほど深い悲しみと憂鬱を抱えているかには、目を向けられることがない。だからこそ、自分を恥じる気持ちを脱ぎ捨て、欲望を再び勝ち取ることが重要なのだ。

虐待を受けたこと、強姦されたことを恥じる必要はない。搾取され、抑圧されたことを恥じる必要はない。抵抗する術を持たなかったこと、恐怖心のせいで無力だったこと、泣くことや黙っていることしかできなかったことを、恥じる必要はない。暴力を受けたことを、意思に反して嫌がらせを受け、怒鳴られ、殴られ、辱められたことを恥じる必要はない。加害者とともに暮らしていたことを恥じる必要はない。すぐに警察に行く勇気がなかったことを恥じる必要はない。暴力や権力乱用の現場からもっと早くに、もっと決然と逃げなかったことを恥じる必要はない。受けたショックを即座に適切な言葉で表現できなかったこと、残酷な強姦の話を、先日した買い物の話と同様に理路整然と語れなかったことを、恥じる必要はない。

比較的軽い嫌がらせに対しても抵抗することを、恥じる必要はない。自分の意思に反して体に置かれた手に抗議することを、恥じる必要はない。いつ、どこで、誰と寝るかを自分で決めたいと思うことを、恥じる必要はない。ある人やある状況を信用したのに、後からそれが危険だとわかったからといって、恥じる必要はない。自分ではない人間の行為を恥じる必要は、誰にもないのだ。

他人から物を見るような目で見られることを恥じる必要はない。自分の欲望、自分の生きる喜び、自分の服装を恥じる必要はない。お前だってやりたかったんだろう、お前が誘ってきたんだろうと言われ、責任転嫁されるいわれは誰にもない。自分の身体を、自分の欲望を、自分の思う性やセクシュアリティを表現することを、恥じる必要はない。その身体やセクシュアリティや性表現が、伝統や基準に則ったものであろうとなかろうと。

そもそも、ほとんどの身体、ほとんどの行為は、基準に則ってなどいないものだ。基準からの逸脱は、基準自体が主張するよりもずっとよくあることなのだ。

誰もが自分自身の欲望を見いだし、発展させていくことが可能でなければならない。自分自身の言葉で、自分自身の身体で——そして、他者の身体と他者の欲望とともに。また、自分自身の欲望を恥じる必要もない。それが相手の欲望にもかなうものである限り、そして相手が成人であり、自己決定が可能である限り、興奮と幸せをもたらすものはすべて、許されるのだ。

＊

ときに私は、これほど明らかなことをまだ求め続けなければならないことに、うんざりすることがある。なぜ人間の尊厳は神聖なものなのか、何度も何度も説明せねばならないのは、決して気持ちのいいものではない。尊厳とはなにか、尊厳を持つ人間とは誰のことかと、何度も何度も噛み砕いて説明せねばならないのは。人間が法治国家の保護を受けるに値するのはなぜなのか、信仰や愛し方や身体のあり方が多数派が思い描くものとは違うというだけの理由で不利益を受けることがあってはならないのはなぜなのかを説明せねばならないのは、あまりに気まずく、通俗的に思われる。誰にでも欲望の対象を自分で決める権利があるのはなぜなのか、誰にでも等しく、信心深くある権利も、トランスジェンダーである権利も、無信仰である権利もあるのはなぜなのかを、何度も説明するのは。自身や他者の権利を何度も何度も訴えねばならないのは、気まずいと同時に疲れることだ。

ときに、不平等や差別への私たちの批判が、あまりにありきたりで、使い古されたものであるような気がすることもある。結局のところ私たちは、多くの人が何世代にもわたって、別の体験に基づき、別の概念を使って表現してきたことを、繰り返しているに過ぎないのだから。だが、長く続いてきたからというだけの理由で、不公正が不公正でなくなるわけではない。女性蔑視、人種差別、反ユダヤ主義は、何世代にもわたって延々と受け継がれてきたからというだけの理由で、不法でないということにはならない。ルサンチマンと差別は、それが続いてきた時間の長さによって正当性を得ることはない。その意味では、それらを批判することは、（残念ながら）緊急に必要なことだ。

それでも私は、自身の要求や異議を、どんな言葉を使って、どんな文脈で表現しようかと常に問い続けている。どんなイメージや説明なら、これまでまだ問題に気づかなかった人たちや、気づいていても真剣に受け止めようとしなかった人たちをも説得することができるか。どんな言葉、どんな表現ならば、関心など持とうと思わない人たちにも関心を持ってもらえるか。どれほどの理論、感情、過激さ、優しさ、ユーモアが、どんな人の心に届き、変化のきっかけを作ることができるか。差別に対する批判を、公正でありながらも独善的にならないよう表現するには、どうすればいいのか。必要なところでの粘り強さと、可能なところでの寛大さの正しいバランスを、どう見つければいいのか。自分の直感への疑念をどう維持するのか。あまりに拙速に、あまりに独善的に、道徳や美的観点に偏りすぎた判断を下さないためには、どうすればいいのか。

個々のケースをそれぞれ差異化して分析するためには、厚い記述が必要だ。排除や囲い込みの条件となる社会構造への視線も必要だ。だがそれと同時に、社会的、政治的場におけるさまざまな行為や信念を突き崩す、または罰するための柔軟な手段もまた必要だ。皮肉を効かせた揶揄のほうが鋭い批判よりも効果的なのはどんな場合か、禁止が本当に必要となるのはどんな場合か、開かれた議論が実り多いのはどんな場合か——そういったことすべては、個々の具体的なケースによって違ってくる。

啓蒙の形式はさまざまであり、虐待や蔑視の種類が異なれば、それに対する予防、調停、調整、罰の手段も異なってくる。司法と検察の手に委ねるべき場合もあるが、すべてがそうではない。法に抵触しないために裁判に持っていけない形のいじめや、社会慣習に根付いた性差別、特定の集団に対する構造的な不利益などに対しては、さまざまな別の手段を講じる必要がある。

一方で、明確なことがらもある。たとえば、家庭内暴力の被害者が宿泊することのできる場所が、各地域にもっとたくさん必要だということだ。場所がないというだけの理由で、被害者が何か月も虐待を受け続けずにすむように。そのために必要なのは、一方ではこういった場所を借り上げるための資金だ。だが、宿泊場所を提供するだけでは足りない。被害者がそこで、社会福祉士や心理学者からのケアを受けることができねばならない。でなければ、保護シェルターはほとんどの場合、一時的な休息の場所に過ぎなくなる。そして被害者たちは、逃げてきたばかりの過酷な境遇へといずれは戻っていくことになる。男性のための施設もまた必要だ。性的暴力の被害者である男性の存在を、ないものと見なしてはならない。さらに、虐待を受けたトランスジェンダーに対する無条件の保護も必要だ。彼らが、女性用の施設へ入所するには「まだじゅうぶんに女性ではない」とされてはならない。

さらに、若者たち――少女も少年も――から話を聞く大人が、もっと繊細になり、感覚を研ぎ澄ます必要がある。教員養成課程において、性的暴力に関する講座を義務化するべきだ。イマムやラビや司祭の養成課程においても同様だ。暴力の被害者が、自身の属する組織（教会であれ、寄宿舎であれ、研究所であれ）から排除されるのではないかという不安を持つことなしに駆け込むことのできる、独立した逃げ場が必要だ。さまざまなコミュニティにおいて、男性像、女性像に関するさらなる啓蒙活動が必要だ。礼儀正しく、尊重の心を持ちながらも、タブーを恐れず。

二〇一九年の現在に、給与の問題がどれほど議論しつくされたテーマであるかはよくわかっているが、それでも再び言わねばならない。男女の賃金格差、いわゆる「ジェンダー・ペイ・ギャップ」は、引き続き粘り強く解消を目指さねばならない問題だ。ヨーロッパにおいて、ドイツほど女性の経済的な不利益が著しい国はほかにない。わが国では、フルタイムで働く女性は男性よりも平均二二パーセントも所得が低いのだ。[8] 原因は、たとえば法律が整っていないせいかというと、そうではない。すでに現時点で、ＥＵ指針２００６／54／ＥＧは、男性と女性の同一賃金を定めている。[9] ところが、いまだに女性は低賃金の職業に就く傾向があるほか、組織内で適切なポジションを得られない場合が多い。幹部や指導者層のなかで、女性はいまだに少数派である。

ＤＡＸ（ドイツ株価指数）を構成するドイツ主要三十企業の経営者、大手メディアの編集主幹、劇場監督などのポストに、さらなる多様性が必要だ。文学界に、教科書のなかに、奨学金や演出家や脚本家を決定する審査員のなかにも、さらなる多様性が必要だ――ほかにも多様性が必要な分野のリストは長い。さらにそれは、今後も常に拡大し、深化し得るし、そうでなければならない。どの世代もそれぞれが新たに、その世代独自の排除と差別の構造と行為が存在するさまざまな分野において、多様性を追求していかねばならない。

私たちが持続的な形でなにかを変えていけるかどうかは、権力濫用と性差別への批判が、社会の周縁にいる層にも届くかどうかにかかっている。性的強要やハラスメントが、芸術や学術やメディアの分野においてのみ語られるのでは、じゅうぶんではない（もちろん、これらの分野においても非常に重要なことではあるが）。あまり目立たない、不安定な仕事に就いている人たちへの虐待もまた、重大な問題だ。農場で季節労働者として働く女性、不安定な滞在許可しか持たずにホテル業界で清掃係として働く女性、バーや酒場でウェイトレスとして働く女性、

（8）http://www.oecd.org/berlin/presse/dergroeunterschiedfrauenindeutschlandverdieneneinfunfelwenigeralsmanner.htm 参照。

（9）https://www.destatis.de/Europa/DE/Thema/BevoelkerungsSoziales/Arbeitsmarkt/GenderPayGap.html 参照。

ひとりで、または家族とともに一時受け入れ施設――シャワー室に鍵のかからないコンテナや居住区――に収容されている難民女性（および若い男性）、性産業従事者や売春婦のように、最初から尊厳を認められていない女性。刑務所に服役中の女性や男性。自分のために声を上げることができない人たち、または声を上げても誰にも聞いてもらえない人たち、たとえば介護施設や精神科病棟にいる高齢者。硬直したヒエラルキーが支配する場所、批判が許されず、批判をすればすぐに制裁につながる場所で暮らし、働いているあらゆる人たち。

私たちが持続的な形でなにかを変えていけるかどうかは、男性もまた虐待と暴力の被害者になり得ると認められるかどうかにもかかっている。私たちが男性、女性のイメージに再び特定の性質を結び付けないこと、男らしさ、女らしさとはなにかを私たち自身が再び決めつけてしまわないことに。私たちが持続的な形でなにかを変えていけるかどうかは、結局のところ、男性たちのことも仲間と見なし、声をかけられるかどうかにかかっているのだ。私たちが持続的な形でなにかを変えていけるかどうかはまた、年配の人たちにも訴えかける言葉を見つけられるかどうかにもかかっている。さまざまな人が出会う場を作り出せるかどうかにも。また、私がここでいま軽率に使っている「私たち」という概念を、拡張し続けることができるかどうかにもかかっている。異なる体験を持つ、より多くの人たちが、自分も声をあげていいのだと感じられるように。

*

ジャズピアニストのフレッド・ハーシュは、回想録『Good Things Happen Slowly』で、毎晩のように顔を合わせる友人や同業者たちに自分が同性愛者であることを打ち明けるのに、どれほど長い時間が必要だったかを語っている。打ち明けることができなかった理由を、ハーシュはこう書いている。「異性愛者のミュージシャンたちが理解してくれないのではないか、その結果として音楽が――そして私の評判が――損なわれるのではないかと、常に恐れていた」。懸念の理由は、一緒に音楽活動をすることで生まれるミュージシャンたちの特別な絆にあったと、ハーシュは説明する。「バンドの一員でいるということは、ほかのメンバーにある意味で恋をするということだ。ピアニストなら、完璧なバスプレイヤーをようやく見つけた、夢のドラマーに巡り合った、ということになる。ミュージシャンというのは、音楽面で互いにほれ込んでいる。（…）それが頭にあったから、一緒にプレイしているミュージシャンたちが、私の告白を一種の誘いだと誤解するのではないかと思った」[10] 私たち同性愛者にとっては、わかりすぎるほどわかる悩みだ。ほかの人たちにとって、私たちが同性愛者だと知ること自体が不愉快なのではないかという懸念。相手を誘うそぶりなどまったく見せなくても、私たちの存在はそれだけで相手を不安に陥れるのだ。異性愛者である知人（ときには友人さえも）を怖がらせないように、私たちは誤解を招くかもしれない態度を慎む。自分の動きや言葉に気を配り、自分が不適切だと思うこと、相手が不適切だと思うかもしれないことを、決してしないようにする。それはときにはあまりに本能的なもので、「有害なセクシュアリティ」のイメージがどれほど自分のなかに深く刻み込まれているか、自分には人を不安に陥れるなにかがある、自分は人を不安に陥れるなにかであるという想像がどれほど自分の人生そのものとなっているかに、自分でも気づかないことがあるほどだ。そんなとき私は、自分にこう言い聞かせるのだ——ただ礼儀正しくふるまっているだけだ、異性愛者である相手の気持ちを慎重に慮っているだけだ、と。だがそうするときの私は、いったいどんな同性愛者像に自分を同調させているのだろう？

　フレッド・ハーシュはこう書いている。「私がゲイだと知っているジャズミュージシャンたちから、こんなふうに言われたことは数えきれない。「君がゲイなのはかまわないよ。ただ俺には手を出さないでくれ」

なんとも素晴らしい話ではないか。一般的な意味では同性愛に対して寛大だと尊大に告げると同時に、同性愛者からの愛の対象となることは頑なに避けようとするとは。本当に愉快な話だ。なぜ男性異性愛者たちは、他者の欲望に対してなんらかの対応をしなければならない事態をそこまで嫌がるのだろう？女性は常にそういった事態に直面している。女性は絶え間なく、他者の妄想の対象になっている。もちろんそれ自体は悪いことではない。女性は常に見られ、値踏みされ、ときに直接、ときに間接的に話しかけられる。ときに感じよく、ときに嫌な感じで——そして女性は、それに対してなんらかの反応をせねばならない。誘いを受けて、どうなるかを見てみることもできる。または、誘いを断ることもできる——ときには感じよく、ときには嫌な感じで、ときには優しく、ときにはそっけなく。だがとにかく、興味を持てない誘いに対してなんらかの反応をせねばならないことは、女性にとって日常的な体験だ。

(10) Fred Hersh, Good Things Happen Slowly. A Life In an Out of Jazz, New York 2017, S. 160f.

ハーシュの本に出てくる男性たちは、厳密にはなぜ不安を感じるのだろう? 誰かが言い寄ってくるのをはねつけたいと思っても、方法がわからないから? 自分にとっては迷惑なだけの誰かの欲望に対峙する体験を、まったく積んでこなかったから? 断り方は多種多様で、そのなかから、誤解の余地なく明確ではあるが、同時に礼儀を失わず、相手を傷つけることもない断り方を選ぶのが、どれほど多様で危なっかしくて複雑なものかを、知らないから? または逆に、友好的ではありながら、本当は誘っているのだと解釈されない程度にはきっぱりとした断り方を知らないから? 少女たちや大人の女性たちには絶え間なく要求されている「断り方」というものが、さまざまなコードや基準からなるどれほど複雑な芸術形式であるかを、知らないから? 「ノー」と言うことは、見通しのきかない地平を横切ることだ。そこを危険な目に遭わず、罰を受けることもなく、暴力を受けることもなしに切り抜ける術を知らないから?

それとも男性たちにとっての問題は、同じ男性から性的欲望の対象として見られること自体にあるのだろうか。自分が同性愛の文脈に組み入れられることなのだろうか。異性愛者として、同性愛者の性愛の対象にはなりたくないということなのだろうか。同性愛者の求愛の仕方がわからないために、彼らの身振りや視線を解釈できず、不安になるのだろうか。確かにそうかもしれない。だが、それらはすべて、学べることではないだろうか？

それとも、そもそも他者から見られること自体に苛立つのだろうか。自分のことを、他者の視線が向けられる対象と見なさなければならないことに。それこそが、男性異性愛者にとって非常に難しいことなのだろうか。それはなぜだろう？ 歴史上、男性には自分を欲望の主体と見なす役割しか割り振られてこなかったからだろうか？ 女性の欲望、女性の主体性というものが、いわば想像力の空白地帯のままだったからだろうか？ それとも、彼らの想像するセクシュアリティとはそもそも、相互通行のものでも、開かれた軽やかなものでも、相互の主体性に基づくものでも、男女で等価のものでもないからだろうか？

だが、そこにこそまさに、刺激があるのではないだろうか。一方通行の、均一な視線から自身を解放することにこそ。自分自身を他者の視線でとらえてみることにこそ。そしてそれを、新たな可能性の空間として、開かれた対話として理解することにこそ。自分自身を常に他者との関係性においてとらえ、他者との交流のなかで、双方がともになにを望み、なにを望まないかを見いだしていくことにこそ。ちなみに、フレッド・ハーシュの場合、自身のセクシュアリティを隠す必要がなくなってから、その音楽的な表現の可能性は深まった。もしかしたら、ほかの男性ミュージシャンたちもまた、自分が場合によっては男性からの欲望の対象となり得ることを認めれば、よりよい演奏ができるようになるかもしれない。

＊

権力が垂直方向にのみ機能するのでなければ、つまり、権力というものが、人間同士がつながり合い、ともに行動するときに生まれるものであれば、権力に潜在的可能性があるのならば──私たちは、試みるべきだ。ともに行動することを。ともに、新たな知覚、新たな概念、新たなイメージ、新たな言葉、新たな欲望のあり方、相手への新たな触れ方を探すことを。

各々の性のありかた、社会への参加のし方、賃金、チャンス、自由と平等の公正なあり方をともに探すこと──それもまた、権力だ。

自分自身の可能性を考えること、そして同じ体験をした人や、助けてくれる人がほかにもいることを思い出すこと。法治国家があり、捜査機関や警察に話を聞いてくれる人がいること、相談に乗り、支えてくれる団体やグループがあることを思い出すこと――それもまた、権力だ。

受け継がれてきた慣習や伝統もまた打ち破ることができると確信を持つこと。なにかがこれまでずっと続いてきたからといって、これからも繰り返されねばならないわけではないと、確信を持つこと。これまでとは違う家族の形式を受け入れ、築き上げること。自分を支え、ともに笑い、悲しんでくれる人たちと家族となること。これまでとは違う共同体の形式を受け入れること。すでにあるものではなく、これから私たちがともに発見していく共同体の形式に心を開くこと――それもまた、権力だ。

開かれた地平へと突き進むこと。抑圧的な構造、人種差別的な排除、反ユダヤ的なルサンチマン、基準とは別の信仰、別の愛し方、別の身体を持つ人間に押される烙印に対抗すること――それもまた、権力だ。

私たちより以前に人権と市民権のために闘ってきた人たちの物語を語り継いでいくこと。彼らを忘れず、彼らから学び、彼らの道から私たち自身の道へと踏み出すこと――それもまた、権力だ。

そして、失敗はしたものの、より繊細でよりよい人間どうしのつながり方を求めて模索した人たちの物語をもまた、語り継いでいくこと。いまよりずっと狭い可能性のなかで、自分自身のあり方、自分自身の言葉を探した母親たち、祖母たちの物語を記憶すること――それもまた、権力だ。

年配者の経験のみならず、若者の経験もまた真剣に受け止めること。自分より後に生まれた人たち、自分とは違う考え方、違う行動様式を持つ人たちから学ぶこと――それもまた、権力だ。あらゆる創造的、文明的、詩的な抗議の物語を語ること――それもまた、権力だ。それらこそが、政治的な希望の源泉なのだから。

私たちが持つ権力を過小評価するべきではない。自分のことを無力だと考えたり、自分を孤立に追いやったりせずに、互いに頼り合い、同盟を結ぶべきだ。友人たちの輪のなかで、家族のなかで、学校で、近所で、暴力と搾取を可能にする社会構造を打ち破るための仲間を見つけるべきだ。

とはいえ、権力はどこまで行っても権力だ。さまざまな可能性を描き出すに過ぎない。権力とは一方で、人に行動を促す力、話をさせる力だ。なにかを変えることのできる力だ。他方で権力とは、なにかを損ね、傷つけ、腐敗させる力でもあり得る。権力は私たち自身のことも、損ね、傷つけ、腐敗させる可能性がある。常に無力な側、罪のない側にのみいられる人間などいない。出身がどこであれ、性別がなんであれ、どんなセクシュアリティを持っていようと、たとえかつて不安定な社会的立場にいたという事実があろうと、それは人が与えられた権力をどこかの時点で無思慮に濫用しないという保証にはならない。

最終的に重要なのは、私たちが欲望という空間をどんなふうに使いたいと思うかだ。自分自身に対して批判的でいられるか。次々と新たに生まれる硬直したシステムや考えかたを、そのたびに打ち破ることができるか。新たに生まれた信条を、それが誰の利益になるのか、誰の存在を無視しているのかと、そのたびに問い直すことができるか。

新たに生まれるこれまでとは違う排除と非人間化のメカニズムに対して常に注意深くあることは、永遠の課題であり続ける。一方で誰かを、なにかを解放しながら、他方でそこにある独自の矛盾を見過ごしてしまう危険は、常に存在する。より自由に、より公正に生きようと試みながら、そうすることで独自の教条を創り出し、それを盲目的に信じ込んでしまう危険は、常に存在する。

＊

はじめに疑念がある。
どの文章の前にも、どの単語の前にも、敷居がある——これでいいのだろうか、という敷居が。
これは正しいだろうか？ これは真実であるのみならず、誠実でもあるだろうか？

しかもそれらはまだ、なにを話すかについての疑念に過ぎない。

私は、つぶやくように書く。小声で、他者に向けるより前に、まずは自分ひとりに向かって。
書くことは、キーボードを使って思索するようなものだ。書きながらのほうが、より精確に思索することができる。それは個人的な、親密な行為だ。囁くという行為に似ている。または、
そう、つぶやくという行為に。

はじめには、いつも疑念がある。

ときに私は、疑念を振り払いたいと思うことがある。

だが、もしこの疑念がなければ、私たちはもう他者を発見しようとも、他者に触れようとも思わなくなるだろう。私たちが互いに出会い、欲し合うときに生まれるものへの好奇心を、もはや抱けなくなるだろう。

疑念なしには、正確に耳を傾けることなしには、
対話なしには、
私たちはもはや学ぶことができなくなる。
もはや意欲もなくなり、
もはや私たち自身ではなくなる。

謝辞

シャウビューネにおける独演会「イエスの意味はイエス、それから…」にいらしてくださったすべての皆さまに感謝します。

このテーマで語ることがどんな反応を引き起こすか、なにが聴き手の心に触れ、なにが聴き手を苛立たせ、なにが聴き手を面白がらせるかを、劇場でじかに体験できたことで、多くを学びましたし、とても幸せでした。

その後に手紙や会話で自身の体験を語ってくださったすべての方に感謝します。大変貴重な贈り物でした。

そしてそれらが、本書の書き方を変えることになりました。

なにより、シャウビューネのチームの皆様に感謝します。皆様の寛大さと、細部へのこだわり、そして淹れてくださったジンジャーティーなしには、すべてがこの形で実現することはなかったでしょう。

訳者あとがき

本書『イエスの意味はイエス、それから…』は、著者カロリン・エムケが #MeToo 運動をきっかけとして、セクシャルハラスメントについて考察したものだ。

Me Too というスローガンは、二〇〇六年にアフリカ系アメリカ人の市民活動家タラナ・バークが、性被害を受けた非白人の女性たちを支援する活動において使い始めた。それが世界中に広まったのは二〇一七年。「ニューヨーク・タイムズ」紙が映画プロデューサーのハーヴェイ・ワインスタインによる多数の女性への長年にわたるセクシャルハラスメントを告発したことを発端に、俳優のアリッサ・ミラノがツイッターで #MeToo というハッシュタグをつけての投稿を呼びかけたところ、世界中から「私も同じ目に遭った」という告発が相次ぎ、社会の変革を迫る大きなうねりとなった。

本書は、二〇一八年末にエムケ自身がベルリンの劇場〈シャウビューネ〉で行った朗読の内容をまとめたもので、形式上は、これまで日本に紹介してきたエムケの著作『憎しみに抗って』と『なぜならそれは言葉にできるから』の表題作とは異なっている。前二作が豊富な注釈のついた論考だったのに対し、本書『イエスの意味はイエス、それから…』は、著者自身が冒頭で述べるとおり、むしろ「つぶやき」に近いモノローグだ。章立てもなく、話題もぽんぽんと替わっていく。論考風の箇所もあれば、エッセイ風のエピソードもあり、一見まとまりのない散漫な印象を与えるかもしれない。だが、実はそこにこそエムケの狙いがある。「つぶやく」ように書かれた文章は、この問題を考察する際に著者にとって唯一可能な形式であると同時に、凝り固まった社会の価値観と、その価値観のなかに否応なく絡めとられた私たちの思考とを突き破るための手段でもあるのだ。虐待と抑圧を可能にする「権力」構造を暴き出し、それを突き崩していくためには、「普遍的な理論も、確実な道具もない」。だからこそこう書くのだと、エムケはフーコーの言葉を引用しつつ主張する。学術論文、ジャーナリスティックな記事、といった既存の形式にあてはめるのではなく、自身の「つぶやき」を型にはめる前の段階で言葉にとらえるという試みは、読者である私たちに、エムケの自由な思索をライブで追っているかのような読書体験をもたらしてくれる。

一方、形式がどうであれ、内容を見れば、エムケのあらゆる著作を一貫する核のようなものが、本書にも確かに存在することがわかる。つまり、社会の少数派が被っている不利益、不公正、被害をさまざまな側面から描写し、それを是正していくために、社会がどうあるべきか、私たちそれぞれがどう見方を変えていくべきかを訴えるという著者の姿勢にはぶれがない。

本書でエムケは、自身の身近で体験したハラスメントや虐待の例をあげて、それらの暴力に気づかなかった自分、毅然と対処できなかった自分を赤裸々に描きつつ、それがなぜだったのかを考察していく。

かつて勤めていた新聞社で、社長から直接電話をもらったとき、直属の上司から、たとえ呼び出されても、ひとりで社長の自宅に行ってはいけない、と言われたこと。また、社内で面白おかしく語られていた、社員食堂のウェイトレスに対するとある同僚のセクシャルハラスメント。男性優位社会である新聞社で、同性愛者であるエムケが同僚の男性たちから「本物の」女性と見なされず、皮肉なことに、まさにそれゆえに男性と同等の存在へと格上げされ、一定の敬意をもって扱われたというエピソードも、いろいろな意味で示唆に富んでいる。

友人が自宅で夫に殴られる場に居合わせてしまったときの気まずさを描いたエピソードにも

考えさせられる。その晩、暴力をふるう前からすでに妻に対して不愉快な態度をとっていた夫に、妻の友人である自分はなぜはっきりと不快感を表明できなかったのか。なぜ、不愉快な態度をとる当人ではなく、自分のほうが気まずさを感じたのか。

さらに、殴られた友人を自宅へ連れて帰ろうとはしたものの、殴った当人である夫と話をしようとは思いつきもしなかったことを率直に語ったくだりには、読者である私もはっとさせられた。暴力や犯罪の現場に居合わせた人間が、とっさに被害者に力を貸すことは考えても、加害者と対峙しようという発想にはなかなか至らないことに、改めて気づかされた。

また、かつてアフガニスタンで出会った私的捕虜の少年が、「主人」である兵士たちに労役を強いられるのみならず、性的にも虐待されていたかもしれないことに、何年もたってから気づいたことも、エムケは率直に語っている。少年と出会った当時は、同性愛がタブー視される社会において男性が男性からの性的虐待の被害者になり得るという可能性にすら、思い至らなかったのだと。

エムケが取り上げるエピソードの多くは、読者である私たちにとっても身近なものだ。自身が傷を受けた記憶、暴力の現場に居合わせたときの記憶を呼び覚まされる読者も多いのではないだろうか。誰もが一度は体験したことのある、もやもやした気分にはなっても、そのときにはうまく整理できず、そのまま記憶の奥に埋もれてしまっていたような出来事に、エムケはさまざまな側面から新たに光を当てて見せるのである。

とはいえ、本書はもちろんエピソードの羅列ではない。エムケにとって、あらゆる問題は常に「言葉の使い方」と密接につながっている。本書の多くを割いて、エムケは「論点をずらす」ことによって犯罪が無害化され、被害者が罪悪感を抱かされ、加害者と見なされさえする論理構造を明るみに出して見せる。

仕事の打ち合わせに呼ばれたホテルの部屋で、（主に）男性の上司にバスローブ姿で迎えられた（主に）女性たち。彼女たちは、性暴力の被害を受けるのみならず、「打ち合わせでホテルの部屋へ行って、なにもないと思うほうがおかしい、行くほうが悪い」と頻繁に批判される。こういった論点ずらしのからくりを、エムケは「厚い記述」「薄い記述」という例を使って明らかにしてみせる。「手を伸ばす」というそれ自体は中立的な行為をセクシャルハラスメントだとして「厚い記述」で語る被害者に、「手を伸ばす行為のなにが悪い」と「薄い記述」にすり替えて対抗する加害者や世間。さらに、「そういう細かいことばかり言う」と、被害者が語る行為自体が貶められ、揶揄される。このような理不尽を指摘する一方で、エムケは普遍性に欠けるという「厚い記述」の問題点を指摘することも忘れず、多様な声の必要性を訴えるのである。

性暴力や家庭内暴力の被害者に対する、「なぜ抵抗しなかったのか」という非難もまた、論点ずらしのひとつの例だろう。前述したエムケの友人宅でのエピソードでは、夫に殴られた妻本人が夫を擁護して、自分に対して振るわれた暴力の意味をずらす。殴ることによって傷ついたのは夫であり、痛みを感じたのは夫であるという、「殴るほうがもっと痛いんだ」という論理。さらに、周囲の状況や妻の行動によって夫は殴らざるを得なかったのだという論理。被害者と加害者のすり替えや加害者の正当化が、被害者自身によって行われる。被害者がなぜ加害者を擁護するのか。この例では、それはふたりが夫婦だからだろう。夫婦のあいだには、支配と被支配という縦の力関係のみではない、複雑で多面的な関係性があるからだ。その関係性のなかには、もちろん愛情も含まれるだろう。

この観点から、エムケはフーコーの「権力」概念を引用しつつ、「権力」とは単に上から下への抑圧的な力ではなく、もっと複雑なものだと主張する。たとえば、寝たきりで介護士の世話がなければ生きていけない人間は、その介護士から虐待を受けても、声をあげることが難しい。介護士に対する感謝の念、介護士への依存状態のためだ。夫とふたりで紛争地から逃げてきて、異国の地で移民として暮らし、頼れる人がほかに誰もいない妻も、夫の暴力に声をあげようとは思わないだろう。そういった「権力」の複雑な作用を無視して、「なぜ声を上げないのか」と被害者を責めるのは、あまりに一面的だ。

また、犯罪を名指しすること自体をタブー化するのも、ひとつの「論点ずらし」だろう。エムケはこの点を、特に力を入れて論じている。象徴的なのが、本書で最初に描かれるエピソードだ。エムケは、「おしゃべり屋につかまるんじゃないよ」と大人たちに注意されて育った。だが「おしゃべり屋」につかまった「後に」なにが起き得るのかは、決して言葉にされることなく、黙殺されていた。タブーとされたのは犯罪行為そのものではなく、その犯罪行為について語ることだったのだ。

犯罪を名指しし、不公正や差別に対して声を上げる者に対しては、常に非難が起こる。二〇一七年十月に始まった #MeToo 運動について、二〇一八年末のシャウビューネでの朗読まで、エムケがなにも発言しなかった理由もそこにあるのだと、本書では率直に語られている。その理由とは、誰に言葉にする資格があるのか、という世間の問いだ。前述したとおり、同性愛者であるエムケは、「本物の」女性と見なされないことが多い。「本物の」女性ではないのだから、女性差別に遭うことも、女性として性的なハラスメントを受けることもないだろう、と考えられる。すなわち被害者ではないのだと。また、エムケは女性を性愛の対象として見る側にいる、すなわち男性と同じ目線を持つのだから、「見られる」側である女性の立場から声を上げる資格はない、という非難も予測される。同性愛者に対する偏見とともに、ここで問題になるのは、被害を受けた当事者、または被害者と同じ属性を持つ者以外は声を上げてはならないという根強い意見だ。

本書でエムケはそんな意見を真っ向から否定し、当事者以外が声を上げることの重要性を訴える。そして、言葉にした結果、非難を受けるのではないか、揚げ足をとられるのではないかというためらい、恐怖を率直に明かしたうえで、その恐怖を、性的虐待や差別に対してついに声を上げるまでの多くの女性たちのためらい、恐怖と重ねて描写する。そのうえでエムケが選ぶのは、「ひとりの人間として」発言することだ。

言葉にすることと、その言葉を理解してもらうことの難しさを明らかにしながら、それでも言葉にすることの重要性を訴えるという点で、本書にはエムケの二〇一三年の著作である『なぜならそれは言葉にできるから』と多くの共通点があるように思われる。

『なぜならそれは言葉にできるから』は、極度の非人間的状況を体験した人の語りに焦点を当てたものだ。だが、幸いにして極限状況を体験したことのない私も、読みながらたびたび身につまされる思いをした。ここで語られているのは、私たちが日常で遭遇するさまざまな理不尽、犯罪だと認められない犯罪にもあてはまる話だと思った。

私たちは、ホロコースト、集団強姦といった凄惨な犯罪や大地震などのすさまじい災害に比べて、自分個人が日常生活で受ける傷など「ささいなこと」だと考えがちだし、社会にもそう思い込まされる。けれど本書でエムケは、これまで「ささいなこと」だと見なされてきた日常の理不尽や差別を取り上げ、傷の性質は同じなのだと言う。傷に優先順位をつけてはならないと。より「本質的」で「重要」な問題があるからという理由で、私たちは自分の問題を表明するのを後回しにする必要はない。なにが「本質的」で「重要」かを決めるのもまた、社会の側なのだから。

#MeToo 運動が画期的だったのは、女性たち（そして男性たちも）が長年受け続けてきた傷をついに言葉にし始めた点にあるのはもちろんだが、それ以前に、傷を受けた者が、自分は傷を受けたのだと自覚したこと、声を上げてもいいのだと、怒ってもいいのだと自覚したことにこそあるのではないか。誰かが受ける傷を「ささいなこと」だと見なすことそのものが差別だ。

私たちが、私たちの「ささいな」問題について声を上げるのは、なにが重要かの基準を変えることでもある。

一方で、それゆえに、本書を読みながら、抑圧や差別に遭っても、それが抑圧や差別だと気づくことさえなかったり、差別する側の論理に迎合することもあった過去の自分を思い出して、いたたまれない気持ちになることもあった。なにかおかしい、不快だ、と思っても、それを言葉にすると、「考えすぎ」「思い込み」「そんなはずはない」「それはあなたが……だから」という反応が返ってくる体験、そういった反応を恐れてやがて言葉にできなくなっていく体験、そして、不快だと思う自分のほうがおかしいのだと思い込まされていく体験は、女性のみならず、なんらかの集団において被差別側に属する者なら、誰でもしたことがあるのではないだろうか。だからこそ、本書でエムケが、すぐに声を上げられなかったこと、警察へ行かなかったこと、おかしいと反論しなかったことなど、女性たち（被差別者）によく向けられる非難に対して、それらを恥じる必要はないと言い切ってくれたのは、大きな救いだった。さらに、常に毅然と声を上げ続けること、なにが、なぜ差別なのかを、無意識の（それどころか時には善意の）差別者に対して説明し続けることに疲れてしまう被差別者たちの気持ちをエムケが理解し、言葉にしてくれたことにも救われる思いだった。

「権力」とは必ずしも否定的な力ではなく、横につながる肯定的、生産的なものでもあると、本書の締めくくりでエムケは述べる。ドイツ語の Macht という言葉は、「権力」と訳されることが多いが、日本語の「権力」という言葉よりも広い意味を持っており、むしろ「力」というニュアンスに近い。横につながる力は、多くのポジティブな変化を可能にする力でもある。それは、抑圧者のみならず、抑圧される側もが持ち得る力だ。この力を発揮して、下から、横から、社会構造を変えていこうというのが、エムケの提言だ。

本書がドイツで刊行されたのは二〇一九年。二〇二〇年の現在、世界中で、これまで抑圧されてきた者たちが声を上げ、これまで無視されてきた声が聞き手を得る出来事が続くのを目の当たりにしている実感がある。日常のあちこちに潜む構造的な差別をそれぞれが自覚し、それを変えていこうと声を上げると同時に、エムケが強調するように、声を上げた結果生み出されるであろう新たな秩序、新たな価値観が、今度は別の凝り固まった構造となり、誰かを抑圧し、差別し、排除することがないか、常に自省し続けなければならないと強く思う。

著者の経歴についてはすでにご存じの読者も多いだろう。一九六七年に当時の西ドイツに生まれたカロリン・エムケは、ロンドン、フランクフルト、ハーヴァードの各大学で哲学、政治学、歴史学を専攻した後、ジャーナリストとして世界各地の紛争地を訪れ、ルポルタージュを執筆してきた。また、戦争被害者、ドイツ赤軍、性的マイノリティなど幅広いテーマにわたる著作と、数々の文化および社会活動で広く名を知られている。近年では特に、『憎しみに抗って』で二〇一六年のドイツ図書流通連盟平和賞を受賞したことで、大きな注目を集めた。

彼女の幅広い活動のひとつに、ベルリンのシャウビューネという劇場で月に一度催される「議論の場」がある。これは毎回テーマを決め、学者、芸術家、小説家、政治家などを招いて舞台上で観客を前に議論をするという催しで、エムケは二〇〇四年から企画と司会に携わっている。このあとがきの冒頭にも書いたとおり、本書はエムケがシャウビューネで朗読したテキストをもとにしたものだ。本書の内容をまず聴衆に直接語りかけてみたいと考えたときに、長年「議論の場」を催してきた「ホーム」ともいえるシャウビューネを思いついたと、エムケはあるインタビューで語っている。

今年二〇二〇年は、言うまでもなく、ウイルス感染症のために世界の様相が一変した年だ。多くの人が、いろいろな意味でこれまでの生活や価値観を変えざるを得ない状況にある。もちろんエムケも例外ではない。旅することが日常の一部だとまで言っていたエムケだが、ロックダウン中のベルリンでは自宅から、「南ドイツ新聞」に「日記――コロナ危機における政治的、個人的覚え書き」として、十週間にわたって毎日のようにエッセイを綴った。タイトルどおり、社会的、政治的な問題への論考から、日常の生活を描いたエッセイまで、内容は多岐にわたる。

膨大な量のテキストなので、すべてを読んだわけではないのだが、本書の内容ともつながりがあって印象に残ったのは、同性カップルへの世間の思い込みをユーモラスに綴った文章だ。その思い込みというのは、同性カップルにもいわゆる男女の役割分担なるものがあるはずだというものだ。つまり、同性カップルの家庭では、どちらかが「男性らしく」電化製品などを修理し、どちらかが「女性らしく」料理や裁縫をするのだろうと考える人が多いのだという。たとえば、エムケとパートナーとが客を食事に招くと、料理を褒められるのは必ずパートナーのほうなのだそうだ。たとえ何時間も台所に立って料理をしたのがエムケだとしても。男女の役割分担に関する固定観念でありながら、「女どうしのカップルなのだから、どちらも料理裁縫ができるのだろう」という方向には行かないというエムケの指摘も面白かった。

コロナ禍という特殊な環境下で、幅広いテーマを一貫した姿勢と鋭い視点で切り取ったこれらのエッセイも、いつか日本に紹介できる日がくればと願っている。

最後に、これまでカロリン・エムケの著作を一年に一冊のペースで翻訳、刊行してこられたのは、みすず書房の鈴木英果さんの熱意と手腕のおかげにほかならない。三冊目にあたる本書でも、豊富な学識でおおいに助けてくださった。また、みすず書房の小川純子さんは、これまでの二冊に続いて本書でも素敵な装丁を手掛けてくださった。既に刊行された二冊の装丁は、著者のカロリン・エムケさんもことのほか気に入ってくださっており、「これぞ私の思う本物の本だ」とおっしゃっている。そして、そのエムケさんも、本書の内容や解釈をめぐる私の度重なる質問に、今回も快く答えてくださった。皆さんのご尽力に厚くお礼申し上げたい。

二〇二〇年八月

浅井晶子

著者略歴

(Carolin Emcke)

ジャーナリスト．1967年生まれ．ロンドン，フランクフルト，ハーヴァードの各大学にて哲学，政治，歴史を専攻．哲学博士．『シュピーゲル』『ツァイト』の記者として，世界各地の紛争地を取材．2014年よりフリージャーナリストとして多方面で活躍．著書に『憎しみに抗って』『なぜならそれは言葉にできるから』（みすず書房）ほか多数．『メディウム・マガジン』にて2010年年間最優秀ジャーナリストに選ばれたほか，レッシング賞（2015年），ドイツ図書流通連盟平和賞（2016年）をはじめ受賞多数．

訳者略歴

浅井晶子〈あさい・しょうこ〉翻訳家．1973年生まれ．京都大学大学院人間・環境学研究科博士課程単位認定退学．訳書に，カロリン・エムケ『憎しみに抗って』『なぜならそれは言葉にできるから』（みすず書房），イリヤ・トロヤノフ『世界収集家』，パスカル・メルシエ『リスボンへの夜行列車』（以上早川書房），シュテン・ナドルニー『緩慢の発見』（白水社），トーマス・マン『トニオ・クレーガー』（光文社古典新訳文庫），エマヌエル・ベルクマン『トリック』，ローベルト・ゼーターラー『ある一生』（以上新潮社），ユーディト・タシュラー『国語教師』（集英社），トーマス・ブルスィヒ『太陽通り　ゾンネンアレー』（三修社）ほか多数．

カロリン・エムケ
イエスの意味はイエス、それから…
浅井晶子訳

2020年10月16日　第1刷発行

発行所　株式会社 みすず書房
〒113-0033 東京都文京区本郷2丁目20-7
電話 03-3814-0131(営業) 03-3815-9181(編集)
www.msz.co.jp

本文組版　キャップス
本文印刷所　萩原印刷
扉・表紙・カバー印刷所　リヒトプランニング
製本所　誠製本

ISBN 978-4-622-08946-9
[イエスのいみはイエスそれから]